EDITH BIEWEND
LIEBEN OHNE ILLUSION

W0179002

Edith Biewend

LIEBEN
OHNE ILLUSION

Leben und Werk

des Janusz Korczak

Eugen Salzer Verlag Heilbronn

© Eugen Salzer-Verlag Heilbronn 1974
Alle Rechte vorbehalten
Umschlag: Rudolf Graeber
Satz und Druck: Offizin Chr. Scheufele Stuttgart
Printed in Germany
ISBN 3 7936 0189 7

Ohne eine heitere vollwertige Kindheit
verkümmert das ganze spätere Leben . . .
Das Kind wird nicht erst ein Mensch,
es ist schon einer.

JANUSZ KORCZAK

Der Mann, über dessen Leben hier berichtet werden soll, wurde am 22. Juli 1878 oder 1879 als Kind jüdischer Eltern in Warschau geboren. Sein Vater war Advokat, hat sich aber um den Geburtsschein seines Sohnes lange Zeit nicht gekümmert, was die Mutter später mit Recht eine sträfliche Nachlässigkeit nannte. Das Todesjahr des Janusz Korczak ist bekannt, den Tag seines Sterbens dagegen verzeichnet keine Akte, denn er wurde irgendwann im August 1942 in den Gaskammern von Treblinka ermordet. Er hieß nicht einmal Janusz Korczak. Sein amtlicher Name lautete Henryk Goldszmit, Sohn des Józef Goldszmit und seiner Frau Cäcilie, geborene Gebicka. Als sich der zwanzigjährige Henryk bei einem literarischen Wettbewerb beteiligte, wählte er als Pseudonym den Namen einer Figur aus dem Roman des polnischen Schriftstellers Kraszewski: »Die Geschichte von Janasz Korczak und der schönen Schwertfegerin«. Er erhielt einen Preis zusammen mit anderen, und als man die Liste der Preisträger aufstellte, wurde in der Druckerei aus Janasz versehentlich ein Janusz, und dabei blieb es. An der Entstehung eines Namens, der heute weit über Polen hinaus bekannt ist, wirkte der Irrtum eines Setzers mit.

Ein unordentliches Leben, so scheint es. Keine leichte

Aufgabe für Biographen, die es gern handlich haben mit einwandfreien Daten und überschaubaren Dokumenten. Und wie schwer erst tun sich Historiker, die diesen Erzieher, der er doch zweifellos war, einordnen möchten! Einordnen in die Reihe großer Pädagogen von Pestalozzi über Fröbel bis zu Montessori, Kerschensteiner und Spranger, deren Zeitgenosse er war! Da sollte er dann stehen: ein Name, ein Vorbild, ein erzieherisches Prinzip. Aber das geht nicht. Dieser Janusz Korczak fällt heraus aus dem Katalog.

Er hatte kein System, das gilt es als erstes festzuhalten. Systematiker mögen darüber die Nase rümpfen, ihn einen Feuilletonisten schelten, ihm die wissenschaftliche Qualifikation absprechen, was denn auch zu seinen Lebzeiten schon geschah. Ihn ließ das so gleichgültig wie der Beifall der Enthusiasten, die sich der Spontaneität verschworen hatten und meinten, man brauche ein Kind nur zu lieben, und alles regle sich von selbst. Von dem Überschwang einer Ellen Key, die das »Jahrhundert des Kindes« verkündete, ist bei Korczak nichts zu finden. Er warf sich dem Kind nicht zu Füßen, wie er sich andererseits nicht zu seinem Herrn erhob. »Das Kind« schlechthin, als Abstraktum, als Versuchsobjekt eines pädagogischen Laboratoriums, existierte für ihn nicht, mag er auch ein noch so gründlicher Erforscher der kindlichen Seele gewesen sein. Er war der Vater seiner Waisenhauskinder, ihnen zugewandt in Rührung und Sorge, Zorn und Eifer, Hoffnung und Resignation und der immerwährenden Bemühung, die ihm Anvertrauten ohne Illusion zu lieben – bis zum bitteren Ende. Einem Ende, das dann freilich auch die Kritiker verstummen ließ. Denn was läßt sich vorbringen gegen einen, der was er lehrte nicht nur zu leben verstand, sondern sogar mit seinem Tod besiegelte?

Er begleitete seine zweihundert Waisen auf ihrem letzten Weg, obwohl er die Möglichkeit gehabt hätte, sich selbst in Sicherheit zu bringen. Der Freund Igor Newerly beschreibt, wie Korczak das Angebot, sich zu retten, mit unwilligem Staunen quittierte. Für ihn bestand da gar keine Alternative, und darum sollte man das Wort vom »Märtyrertod« des Janusz Korczak mit mehr Vorsicht gebrauchen. Das Martyrium eines Menschen gründet sich in der Regel auf einen Entschluß, ist Ausdruck einer freien Wahl. Einer solchen Entscheidung hatte Korczak sich selbst längst begeben. Das mindert seinen Rang nicht, im Gegenteil: es verhindert, daß die Hochachtung ausschließlich seinem Sterben gilt, da sie doch dem ganzen Leben dieses Mannes gebührt.

Wer der Kindheit als einer eigenständigen Lebensform einen so hohen Wert beimißt, wie er es tat, kann sich von seinen Ursprüngen nie ganz entfernt haben. Schon die frühen Romane lassen das Lebensthema anklingen: »Kinder der Straße« und »Das Salonkind«; später folgen »Bobo«, eine Studie über ein Neugeborenes, und die Erzählung »Eine Unglückswoche«, die eine Episode aus dem Schulalltag behandelt. Immer bleibt er der eigenen Kindheit verhaftet, reibt sich wund an ihren Schwierigkeiten oder läßt sich hineinfallen in das Glück des Geborgenseins, aus dem seine Kräfte erwuchsen. Der Erzieher Korczak beklagte oft sein schlechtes Gedächtnis, seine Zerstreutheit; der Dichter Korczak dagegen schöpft unermüdlich aus einem Brunnen nie versiegender Erinnerungen. Seine Merkfähigkeit für Kurzfristiges war wohl nur deshalb so begrenzt, weil er diesen Reichtum in sich zu verwalten hatte.

Dem Kinderbuch »König Hänschen« fügt er ein Foto bei, das ihn selbst als achtjährigen Jungen zeigt. Dazu schreibt er:

Als ich noch so aussah wie auf dieser Fotografie, da wollte ich selbst all das tun, was hier geschrieben steht ... Ich halte es überhaupt für besser, Bilder von Königen, Reisenden und Schriftstellern zu bringen, auf denen man sie sieht, als sie noch nicht erwachsen und alt waren, denn sonst könnte man ja auf den Gedanken kommen, sie wären schon immer so klug und niemals klein gewesen. Die Kinder denken dann, sie selbst könnten niemals Minister, Reisende oder Schriftsteller werden, und dabei stimmt das gar nicht.

Ein seriös gekleideter Knabe blickt einem ernst und gesammelt entgegen, ein Kind zum Vorweisen, eingefaßt in die Normen einer großbürgerlichen Familie der achtziger Jahre, die sich so sehr als polnisch verstand und so weitgehend assimiliert war, daß sie es gar nicht nötig hatte, zum Christentum überzutreten. Man blieb beim mosaischen Bekenntnis aus Tradition und Gewohnheit, nahm es mit seinen Vorschriften aber nicht mehr genau. Polen war ein besiegtes, unter

Großmächten aufgeteiltes Land, und an den zeitweiligen Aufständen gegen die russische Fremdherrschaft
hatten auch Juden teilgenommen und wurden,
gleichberechtigte Glieder eines unterdrückten Volkes,
heimlich als Nationalhelden gefeiert. Das hielt den
Antisemitismus in Schranken und verhinderte, daß
man die Andersartigkeit des Juden zum Feindbild
umdeutete. Der Feind war damals noch das mächtige
Zarenreich.

Eine heile Kindheit zunächst, materiell abgesichert,
ein umfriedeter Bezirk, der das nötige Urvertrauen
heranreifen ließ und Raum schuf für den Austausch
von Zärtlichkeiten: Vater und Mutter, eine Schwester, eine Großmutter. Der kleine Henryk war ein
Träumer und Forscher, kein Erfindergeist, wie er später nachdrücklich feststellt.

Ich machte kein Spielzeug kaputt, es interessierte mich
nicht, warum die Puppe beim Liegen die Augen schloß.
Nicht der Mechanismus, aber das Wesen der Dinge – das
Ding an sich, in sich selbst, beschäftigten mich.

Schulsorgen bedrückten ihn, zumal nach dem Übergang ins humanistische Gymnasium. Die Lehrmethoden der Zeit, das stumpfsinnige Einpauken und Abfra-
gen, der Kasernenhofton, die Prügelstrafe, und über
allem die tristen Schulgebäude mußten das Gemüt
eines phantasievollen Kindes besonders belasten.
Weniger Sensible mogelten sich durch und schüttel-
ten ab, was sie bedrückte; der Knabe Henryk durch-
litt das Übel, hielt ihm stand und sammelte all diese
schlimmen Erfahrungen für später. Damals konnte er

freilich nicht ahnen, welche Hilfe sie ihm einmal sein würden. Man muß gründlich kennen, was man verändern will.

Aber es gab auch Trost. Wo Demütigungen überhandnehmen, braucht es Ermutigung, kann sogar übertreibendes Lob von Nutzen sein. Eine Großmutter zum Beispiel, die einem gehemmten kleinen Jungen versichert, daß er in Wahrheit ein Genie sei, ein Philosoph, zu Herrlichem berufen. Eltern können das nicht, ihr Blick ist durch den Ehrgeiz verkürzt und heftet sich an das Nahe und Augenblickliche, an Zeugnisnoten und Versetzungen. Die Großmutter aber glaubte an Henryks Stern und belohnte die zukünftigen Taten schon jetzt mit Bonbons und Rosinen. Damit half sie ihm über den Tag hinweg und sorgte dafür, daß die Träume von einem heldischen Leben nicht einschliefen.

Henryk liebte seine Schwester Anna auf die fraglose Weise, wie sie Kindheit und Jugend zu überdauern vermag, und die Beziehung zur Mutter war von gleicher Solidität. Der Vater dagegen verursachte in beiden Kindern schwankende Gefühle, überhitzte und stürmische Zuneigung wie auch gelegentliche Beklemmung. Józef Goldszmit war ein hochbegabter, dazu schwieriger und unberechenbarer Mann, der nicht nur Geburtsscheine vernachlässigte. Die Kinder bewunderten ihn wegen seiner phantastischen Einfälle, zeigten sich hingerissen von seiner großzügigen Lebensart und fürchteten sich gleichzeitig vor seinen Launen. Hinter seinem Hang zur Verschwendung steckte jedoch mehr als eine schlechte Angewohnheit. Manchmal war er für einige Zeit verreist, und die Kinder vermißten ihn schmerzlich. Aber die psychiatrische Klinik von Tworki, wo er sich dann aufhielt, konnte seine zerrütteten Nerven nicht heilen. Bevor er gänzlich dem Wahnsinn verfiel und schließlich starb, hatte er das gesamte Vermögen der Seinen verspielt. Zurück blieb nicht nur eine vaterlose, sondern auch eine bankrotte Familie.

Das Salonkind lernte die Armut kennen, eine ihrer Spielarten jedenfalls. Der Halbwüchsige wurde kein Proletarier, kein »Kind der Straße«, denn gewisse Ansprüche bestanden weiter, mochten auch die Mittel fehlen. Wer als Enkel eines Arztes und Sohn eines Rechtsanwaltes in ein bürgerliches Zeitalter hineingeboren wurde, fühlte sich zur Nachfolge verpflichtet, und die bisher empfangene Bildung hatte Henryk auf einen Weg gesetzt, den er weiterzugehen wünschte. Er wollte Arzt werden wie sein Großvater, dessen Vornamen er trug.

In einer engen, billigen Mietwohnung mit wenigen verbliebenen Möbeln lebte Henryk nun mit Mutter und Schwester und besserte den geringen Unterhalt durch Nachhilfestunden auf, acht Jahre lang, bis zum Ende seines Studiums. Das ging oft bis an den Rand der Erschöpfung. Euphorische Stimmungen wechselten ab mit Phasen tiefer Melancholie. Der Sohn eines Neurotikers befürchtete, er könne selbst dem Wahnsinn verfallen; mehr als einmal hatte er den Gedanken an Selbstmord niederzukämpfen. Dabei war er von zarter körperlicher Verfassung, wenn auch organisch gesund. Erste schriftstellerische Versuche leiteten die bedrängenden Wahnvorstellungen ab. Er brauchte in seiner Qual nicht zu verstummen, denn ihm war die Gabe verliehen, das Chaos in seinem Innern zu ordnen und schreibend zu artikulieren. Vermutlich hielt ihn dies am Leben, einerseits, wie ihm auf der anderen Seite die medizinische Disziplin den Wirklichkeitssinn schärfte und bewahrte. Der Mangel an Zeit brachte es allerdings mit sich, daß er seine schriftlichen Prüfungsarbeiten oft nicht mit der gebotenen Sorgfalt zu Ende führen konnte, doch rettete ihn jedesmal das mündliche Examen, worin er sich glänzend bewährte. Im Jahre 1904 promovierte er an der Warschauer Universität, ein Doktorand der Medizin, der während seines ganzen Studiums immer zugleich auch Hauslehrer, Schriftsteller und Feuilletonist gewesen war und dennoch alle Prüfungen in kürzester Zeit hinter sich gebracht hatte. Nun denn, so wäre eigentlich alles in Ordnung gewesen, es war ja gut gelaufen; sollte man die Armut nicht geradezu preisen als einen Motor, der das Äußerste, das Beste aus einem Menschen herauszuholen vermag?

Der Arzt Janusz Korczak — er war inzwischen unter diesem Pseudonym in der Literatur Polens bekannt geworden — muß anders darüber gedacht haben, er hätte die Armut sonst nicht ein Leben lang mit oft wütenden Anstrengungen bekämpft. Die Gefährdungen seiner Jugendzeit verlor er nicht mehr aus dem Sinn, wie auch die Tatsache, daß er ihnen nicht immer unverletzt entronnen war. Als ein junger, gesunder Mann von natürlichem Empfinden (zeitweilig jeden Monat in ein anderes Mädchen verliebt) faßt er noch im Verlauf seiner Spezialausbildung zum Kinderarzt den Entschluß, keine Ehe einzugehen. Der Gedanke an Nachkommenschaft schreckt ihn, er weiß zuviel über die Vererbung, er ist vor allem seiner Identität nicht sicher genug. Die vergangenen Depressionen mit ihren Versuchungen zum Selbstmord haben ein Trauma zurückgelassen. Ein Übermaß an Verantwortung, das ihm zu früh aufgebürdet wurde, ließ ihn vor einer Vaterschaft zurückschrecken. Was aber zunächst als Schwäche seiner Vitalität erscheint, sollte sich am Ende als eine Kraft erweisen, eine Verantwortlichkeit, die das Wirkungsfeld eines durchschnittlichen Familienvaters weit überschritt.

Es geschieht nicht oft, daß ein Mensch die zentrale Aufgabe – hier müssen wir wohl sagen: das Thema seines Lebens – in so jungen Jahren erkennt und ausspricht.

Ich habe es gelobt und will dabei bleiben: der Sache des Kindes bin ich verpflichtet.

Ein Kinderkrankenhaus im Warschauer Armenviertel, die Baumann-Berson-Klinik in der Sliskastraße, wird seine erste Wirkungsstätte. Er ist bald ein angesehener Mann, auch finanziell unabhängig; man müßte annehmen, daß er nach den Jahren des Darbens gerade diese Seite seiner neuen Existenz genießt. Davon bemerkt man bei ihm nichts. Die hinter ihm liegende Armut hat mancherlei Strebungen in ihm freigesetzt;

die Gier nach Besitz befindet sich nicht darunter. Ihm sind materielle Dinge so gleichgültig, daß er sich seiner Genügsamkeit kaum bewußt wird. Er nimmt eine bescheidene Wohnung, die Mutter führt ihm den Haushalt. Droschkenfahrten – seine kindliche Leidenschaft – sind der einzige Luxus, den er sich leistet und über den er selbst spottet. Er hat als Junge weite Wege zu Fuß machen müssen.

Unterbrochen wird seine Tätigkeit in der Sliskastraße durch den Russisch-Japanischen Krieg 1904/05. Er wird als Arzt zur Armee eingezogen und findet sich in einem Feldlazarett in der Mandschurei wieder. Bald nach seiner Rückkehr, 1906, verläßt er Warschau für einige Zeit, diesmal freiwillig, um seine medizinischen Studien im Ausland zu vervollständigen. Ein Jahr arbeitet er als Kinderarzt in Berlin, ein halbes Jahr in Paris, einen Monat in London. Es ist keine Abenteuerlust, die ihn dorthin treibt, es sind Forschungsdrang und das beunruhigende Gefühl seines Ungenügens, dem er seine wenigen Ersparnisse zum Opfer bringt. Im Ausland erkennt er, wie sehr er an Warschau hängt und daß es ihm unmöglich ist, auf die Dauer anderswo zu leben. Auch dies ist ein kindlicher Zug an diesem hochbegabten Menschen, daß er sich von der Stätte seiner Herkunft nicht losreißen kann. Solche nostalgischen Regungen werden gern als Zeichen mangelnder Reife ausgelegt; zu unrecht bei Korczak, den die Erfahrung brennenden Heimwehs in den Stand setzen sollte, sich in die Verlassenheit eines Waisenkindes hineinzufühlen und mit ihm zu leiden.

Er geht in seine Warschauer Kinderklinik zurück, die ihn zum stellvertretenden Primarius macht, und dient ihr insgesamt sieben Jahre. Daneben laufen seine schriftstellerischen Arbeiten weiter. Außer den bereits erwähnten Romanen, die ihm einen festen Platz in der polnischen Literatur sicherten, veröffentlicht er Erzählungen und Essays in der politisch-literarischen Wochenzeitung »Die Stimme«. Die Praxis im Ausland hat seine medizinischen Fähigkeiten erweitert, er wird als Kinderarzt ebenso geschätzt wie als Autor.

Er hätte ein Modearzt werden können, wäre ihm daran gelegen gewesen. In den Häusern der reichen Bürger und des Warschauer Adels riß man sich um ihn und konsultierte ihn auch bei Lappalien. Dann konnte er grob werden: er war ein vielbeschäftigter Mann, der viel Not um sich herum sah und wirklich schwere Krankheiten; er hatte keine Zeit, die Neugier von Müßiggängern zu befriedigen. Denn natürlich war man neugierig auf den seltenen Vogel, diesen Dichter-Arzt, dessen Bücher man verschlang und den man gern als Gast in den Salons gesehen hätte, zumal sich herumsprach, daß er auch ein geistreicher Plauderer war. Aber er hatte keine Neigung zur Eleganz und wies die Rolle, die ihm da aufgenötigt werden sollte, mit Entschiedenheit ab.

Wenn er dennoch hinging, wenn er beispielsweise mitten in der Nacht aus einem geringfügigen Anlaß geholt wurde, dann forderte er unverschämte Honorare. Die hatten es ja, mochten sie zahlen. Dafür nahm er von den Armen nichts, oder aber, wenn es sich um eine jüdische Familie handelte, den lächerlichen Betrag von zwanzig Kopeken; denn im Talmud steht geschrieben, daß ein Arzt, der sich nicht bezahlen lasse, nichts taugen könne. Auch kannte er das tief eingewurzelte jüdische Mißtrauen gegen penetrante Frömmigkeit. Hier zeigt sich sein Humor, der sich im Handeln noch deutlicher niederschlug als in seinem literarischen Werk. Es war der Humor eines Melancholikers. Denn nur wer in den Abgrund der eigenen Seele geblickt hat, kann das Abgründige bei seinen Mitmenschen mit soviel Weisheit tolerieren.

Ein sonderbarer Heiliger war er schon. Auch andere Ärzte der Baumann-Berson-Klinik erfüllten ihre Pflichten mit Hingabe, Gewissenhaftigkeit und dem vielberufenen Idealismus, wie etwa der aus einer vermögenden jüdischen Familie stammende Dr. Eliasberg, der mehrere Wohltätigkeitsvereine ins Leben gerufen hatte und ihnen vorstand. Doch wäre keiner von ihnen so weit gegangen, auch noch die Freizeit dranzugeben. Eins der erwähnten Komitees organisierte Jahr für Jahr einen mehrwöchigen Landaufenthalt für jüdische und christliche Arbeiterkinder, die in den finsteren und feuchten Zinshäusern der Großstadt zu verkümmern drohten und an Unterernährung, Skrofulose, Rachitis und ähnlichen Mangelerscheinungen litten. Die meisten dieser Kinder waren aus ihrem Häuserblock nie herausgekommen und kannten das Landleben nur vom Hörensagen. Sie brauchten dringend Bewegung in frischer Luft und eine Erweiterung ihres Gesichtsfeldes; auch galt es, da sie vielfach aus ungeordneten Familienverhältnissen kamen, ihre sozialen Fähigkeiten innerhalb einer Kindergemeinschaft zu entwickeln. Korczak begeisterte sich für diese Einrichtung und benutzte seinen Urlaub dazu, die Kinder in die Sommerkolonie zu begleiten und für die Dauer der Ferien ihr Mentor zu sein. Sein Anerbieten wurde dankbar aufgenommen, an qualifiziertem Personal fehlte es ohnehin.

Immer ist seine Hilfsbereitschaft durchdrungen von dem Wunsch nach neuen Einsichten, auch hier. Das gesunde oder doch halbwegs gesunde Kind interessiert ihn, das Kind in Aktion, in der Fülle seiner täglichen Verrichtungen und Bezüge. Die bettlägerigen kleinen Patienten, die er bisher kennengelernt hatte, wurden ja, falls sie nicht starben, bald wieder als geheilt entlassen und dann seinen Blicken entzogen. Diese Lücke mußte er schließen, wollte er dem Kind in seiner Ganzheit näherkommen.

Die erste Erfahrung in der Sommerkolonie ist die seines eigenen völligen Versagens. Er ist bestürzt, ratlos, auch deprimiert, aber er gibt nicht auf. Das einzige, was er aufgibt, sind seine Vorurteile und falschen Vorstellungen. Er hatte es sich zu leicht gedacht. Wenn man mehrere Jahre harten Lernens benötigt, um Arzt zu werden – konnte man dann von einem Tag auf den anderen ein Erzieher sein?

Seine Mitarbeiter hatten die Erkenntnis bereits hinter sich, daß guter Wille allein nicht ausreicht, um sich in einer Horde von verwilderten Kindern zu behaupten. Sie machten es sich auf andere Weise leicht, indem sie mit ihren Illusionen zugleich auch den guten Willen preisgaben. Zwar hielt man mit despotischer Strenge die äußere Ordnung aufrecht und die Aufsässigen in Schranken, man lavierte sich durch, und so konnte man wenigstens bei Besichtigungen einigermaßen bestehen. Korczak gab sich mit diesem Trugbild nicht zufrieden. Erziehen heißt nicht reglementieren, und die Methode enthielt zuviel Ungerechtigkeit, gegen die sich seine Natur empörte. Denn zusammen mit den Rebellen wurden ja die gutwilligen Kinder unterjocht und waren der Unnachgiebigkeit der Aufsichtführenden ebenso ausgesetzt wie den Gemeinheiten hartgesottener Kameraden, die sich an ihnen schadlos hielten. So also ging es nicht.

Der Neuling macht sich daran, in mühseliger Kleinarbeit den Knoten zu lösen. Er läßt das Wunschbild von der »Unschuld des Kindes« fallen und sagt dennoch jeder Vergewaltigung des Kindes den Kampf an.

Es ist ein Fehler, Unrecht zu vergeben, bevor der Wille, neues Unrecht zu begehen, gestorben ist; es ist ein Fehler, zu lieben, wenn die Liebe selbst im Flußbett des Hasses versinkt; es ist ein Fehler, sich im Kampf mit der Hydra des Bösen zu ergeben.

Aber es ist auch ein Fehler, die Liebe sterben zu lassen, nur weil sie sich bislang auf Illusionen stützte. Er korrigiert seine Haltung, bewegt sich vorsichtiger, probiert andere Verfahren aus, beobachtet genau. Und er hat sogar kleine Erfolge, die er noch nicht wahrhaben will, aus Sorge, ihnen zu erliegen. Seine Tagebuchnotizen aus diesen schweren Tagen verraten etwas von der zermürbenden Wirkung der täglichen Querelen.

Dem Erzieher lag sehr daran, dem grauen, eintönigen Leben des Internats neue, fröhliche Züge zu verleihen. Jetzt freut er sich schon, wenn er in sein Tagebuch jenes hoffnungslose »Alles beim alten« eintragen kann. Wenn keinem Kinde schlecht geworden ist, wenn keine Fensterscheibe eingeschlagen wurde und wenn es keine harten Worte gegeben hat, dann bedeutet das schon, daß der Tag gut überstanden wurde.

Die Hoffnung bleibt trotz allem, und es bleibt das Bemühen um bessere Erkenntnisse, um situationsgerechtes Handeln, die ständige Frage: Was habe ich falsch gemacht? Nicht das Verhalten der Kinder ist der Ausgangspunkt seiner Überlegungen, sondern die eigene Position ihnen gegenüber, die noch zu sehr bestimmt ist durch fehlendes Verständnis und lebensfremde Prinzipien.

Erkenne dich selbst, bevor du Kinder zu erkennen trachtest. Es gibt keine »Kinder an sich«. Es sind Menschen; aber mit einer anderen Begriffsskala, einem anderen Erfahrungsschatz, anderen Trieben und anderen Gefühlsreaktionen.

Das war der Niederschlag der ersten pädagogischen Versuche, über die er später zwei Kinderbücher schreibt. Im Sommer darauf geht er wiederum mit, ein wenig beklommen (werde ich es diesmal schaffen?), aber nicht entmutigt. Die Fehler des Anfangs kann er vermeiden, er ist auf der Hut, vor den Rüpeln, vor sich selbst. Es läßt sich dann schon besser an. Es gibt schöne Stunden der Gemeinsamkeit da draußen in Sonne und Grün, bei Wanderungen, Sport und Spiel. Als er mit den Zöglingen nach Warschau zurückfährt, hat er das Gefühl, ihnen einiges schuldig geblieben zu sein. Denn Schlagballspielen – man denke! – hat er immer noch nicht richtig gelernt, und dafür erbittet er ihre Nachsicht.

In die Sliskastraße kehrt er zurück, zu seiner Klinik, wohin sonst? Er ist ja Kinderarzt, kein Pädagoge. Aber der Erzieher in Janusz Korczak ist bereits in Bewegung geraten.

Korczak steht in seinem fünfunddreißigsten Lebensjahr, als er den entscheidenden Berufswechsel vollzieht. Dies sind die Jahre der Jugend nicht mehr, es ist
nach herkömmlichen Begriffen der Beginn des reifen
Mannesalters, wo einer erreicht hat, was er anstrebte,
und allenfalls noch die Stellung ein wenig ausbaut
und absichert gegen etwaige Störungen.
Was treibt ihn zur Veränderung? Er fühlt sich als Lernender, der die Schule des Lebens gerade erst betreten hat; in diesem Sinne ist er bis ans Ende jung geblieben. Die neue Unruhe jedoch kommt aus einer
Richtung, die er vorher kaum beachtet hat. Ein paarmal schaut er weg, er will nicht zur Kenntnis nehmen,
was da heraufzieht, und muß es schließlich doch tun.
In Polen, seinem geliebten Vaterland, verstärkt sich
der Antisemitismus.
Er breitet sich wie eine Seuche aus, schleichend, nicht
überall offenkundig, aber auch in verhüllten Formen
widerlich und deprimierend. Es ist die vaterländische
Partei des polnischen Kleinbürgertums, die ihren Haß
gegen wirtschaftlich bessergestellte Juden mit »christlichen« Parolen verbrämt. Der Führer der Nationaldemokraten, Dmowski, macht um diese Zeit den Judenboykott zum festen Bestandteil seines Parteiprogramms. Das konnte man nicht mehr übersehen.

Der Jude und polnische Patriot Janusz Korczak wurde dadurch zu einer Solidarität verpflichtet, auf die er früher keinen Wert gelegt hatte. In seiner Erzählung »Die Wohltäter« hatte er die philanthropischen Unternehmungen der reichen Warschauer Juden verspottet, die Gönnerhaftigkeit, mit der so manche sich ein gutes Gewissen nur zu billig erkauften, die Wohltätigkeitsbälle, deren Spendenergebnisse in keinem Verhältnis zu den Riesensummen standen, die sie verschlangen. Nun mußte er erkennen, daß der »Tanz für das Waisenkind« die einzige Möglichkeit war, die Not im jüdischen Armenviertel halbwegs zu lindern. Denn Jude sein und obendrein noch arm, das war ein doppeltes Unglück.

Als Frau Eliasberg ihn eines Tages einlud, einer Feier im jüdischen Waisenhaus in der Franciszkanska beizuwohnen, kam er mit, sah sich um und erkannte seine Bestimmung. Es war die Eingebung eines Augenblicks, zwar vorbereitet durch vorausgegangene Erlebnisse, dann aber mit Macht hereinbrechend wie eine blitzartig auftretende Verliebtheit. Er verliert sein Herz an diese Ärmsten unter den Armen, die klein und hilflos sind, verlassen und von vielen verachtet. Auch die Damen des Komitees lauschen den Darbietungen der Kinder andächtig und verzückt, aber während bei ihnen nur ein Strohfeuer lodert, wird in dem neuen Gast eine Glut entfacht, die nie mehr erlöschen soll. Ein halbes Jahr darauf beziehen die Kinder ihr eben erst fertiggestelltes Heim »Dom Sierot« in der Krochmalnastraße, und der neuernannte Waisenhausvater, der mit ihnen geht, heißt Janusz Korczak.

Er vertauscht nicht nur den Arztkittel mit der grünen Schürze des Heimleiters. Er verzichtet freiwillig – und er weiß, was das bedeutet – auf seine Unabhängigkeit und bindet sich für den Rest seines Lebens an die Gunst vermögender Spender. Gerecht und sachlich wägt er die beiden Arten der Wohlfahrt, wie er sie vorfindet, gegeneinander ab.

Neben der staatlichen gibt es überall auch eine private Waisenfürsorge, die besser zu sein pflegt: die Gebäude sind ansehnlicher, die Verpflegung ist reichlicher, der Haushaltsplan hat mehr Spielraum, und prinzipielle Richtungsfragen werden elastischer behandelt. Hier können jedoch an die Stelle der Tyrannei eines bürokratischen Reglements unberechenbare und gefährliche Launen eines großmächtigen Wohltäters treten.

Den Launen weiß Korczak zu begegnen. Er ist ja kein Niemand, kein Irgendwer, und hatte er sich vorher aus seinem Prestige nichts gemacht, so wirft er es nun zugunsten seiner Schützlinge in die Waagschale. Es fehlt noch an vielem, die Einrichtung des Waisenhauses ist nicht vollständig, er führt Neuerungen ein, die Geld kosten. Die ihn gekannt haben, behaupten, er sei ein schüchterner Mensch gewesen. Wie auch immer – für seine Kinder bettelt er, wird zudringlich, stellt sogar Bedingungen und Forderungen. Will man ihn nicht anhören, wird er zornig, läßt sich hinauswerfen, kehrt scheinbar reumütig wieder und versucht es mit Milde. Schüchtern und hartnäckig, sanft

und aufbrausend, zerstreut und von scharfer Beobachtungsgabe, vergeßlich und von ausgezeichnetem Gedächtnis, ist er mit allen diesen Widersprüchen ein
Charakter, der sich Achtung zu verschaffen weiß.

An der Bauweise des Hauses, die er selbst mitbe-
stimmt hat, übt er schon bald Kritik, weil sie das Kind
in die Vermassung zwingt und ihm keinen Platz für
sein Eigenleben einräumt.

Die Kunst, ein Internat zu führen, ist in ihren kleinen,
aber entscheidenden Einzelheiten von dem Gebäude ab-
hängig, in dem es untergebracht ist. Das Waisenhaus
wurde im Zeichen des Mißtrauens gegenüber Kindern
und Personal erbaut. Der riesige Speisesaal – das ist ein
offener Platz, ein Marktplatz. Eine wachsame Person
kann alles überblicken. Ein solches Gebäude hat sicherlich
große Vorzüge, aber es strapaziert seine Bewohner
dadurch, daß es hier keinen ruhigen Winkel gibt. Lärm,
Getümmel, gegenseitiges Drängeln – die Kinder beklagen
sich, und zwar mit Recht.

Wenn man das Gebäude später einmal aufstocken
könnte, so würde ich mich für eine Hotelbauweise aus-
sprechen: ein Korridor, und zu beiden Seiten kleine Zim-
mer.

Das Waisenhaus hatte auch eine Mutter. Die junge
Stefania Wilczynska, Frau Stefa genannt, wurde
Korczak eine unentbehrliche Stütze. Zehn Jahre jün-
ger als er, hatte sie den jüdisch-polnischen Konflikt
bereits als Heranwachsende erlebt und ihn daher tiefer und schmerzlicher empfunden als Korczak, dessen
Jugend von diesen Belastungen noch freigeblieben

war. Auch sie entstammte einer assimilierten Warschauer Familie, ihre Eltern ermöglichten ihr ein Stu-
dium in der Schweiz und in Belgien. Als sie in die
Heimat zurückkehrte und feststellen mußte, daß sich
der Antisemitismus verschärfte, verzichtete sie auf alle
Privilegien, die sie sich durch ihre Ausbildung erwor-
ben hatte, und stellte sich dem jüdischen Waisenhaus
zur Verfügung. Es wurde ihre Lebensaufgabe; sie
nahm die verlassenen Kinder als ihre Familie an.
Wenn man Korczaks Namen nennt, sollte man auch
immer dieser Frau gedenken, die bei ihm und den
Kindern ausharrte, »getreu bis in den Tod«.
Bei einer so weitgehenden Übereinstimmung durch
Herkunft, Motiv und Beharrlichkeit, wie sie zwischen
diesen beiden Menschen bestand, verwundert es
nicht, daß sie gut miteinander auskamen. Die Ver-
schiedenheit ihrer Temperamente brauchte die Har-
monie nicht zu beeinträchtigen, eher muß man sagen,
daß sie sich zum Segen des Hauses ergänzten. Korczaks Künstlernatur bedurfte gelegentlich einer
Bremse. Wenn er sich mit hochfliegenden Plänen
trug, sich von einer momentanen Begeisterung dazu
hinreißen ließ, den zweiten Schritt vor dem ersten
tun zu wollen, holte ihn Frau Stefa mit ihrem nüch-
ternen Sinn auf die Erde zurück und zeigte ihm seine
Grenzen. Sie liebte die Kinder wie er, war auch zärt-
lich zu ihnen, aber sie stieg nie zu ihnen hinab. Ihre
eigene Kindheit hatte sie früh abgestreift, mit dieser
Lebensphase konnte sie sich nicht mehr identifizieren,
dazu fehlte es ihr an Phantasie, an Genialität. Wie die

meisten Frauen war sie ein »erwachsener Mensch«, denn mit dem Kind im Manne hat es schon seine Richtigkeit. Bei diesem Manne zumal, der mitunter gar zu selbstvergessen mit den Kindern herumtollte und seine Einfälle purzeln ließ. Dann schritt sie ein, mit mütterlicher Strenge auch ihm gegenüber – nun, er hatte sie nötig. Frau Stefas Gewissen fühlte sich nicht dadurch beschwert, daß sie das Schlagballspielen nicht erlernte.

An den Mittwochnachmittagen zeigte sich Korczak meist schlecht gelaunt. Dann mußte sie ihn vertreten und um des lieben Friedens willen die Freundlichkeit hervorkehren, zu der er sich nicht aufschwingen konnte. Es waren die Besuchszeiten des Heimes, die Stunden für Besichtigungen. Korczak gingen sie auf die Nerven, und er verhielt sich wortkarg und verbissen. Die Neugier, vor allem die Sachfremdheit vieler Hospitanten störte ihn: sein Waisenhaus war kein Zoologischer Garten. Zwar war er meist zugegen, aber unauffällig, stets beschäftigt und mit dem zerstreuten Gesichtsausdruck eines Menschen, der Wichtigeres zu bedenken hat. Mit der grünen Schürze angetan, wirkte er mitten unter den Kindern wie ein Hausmeister, und als er einmal einem Gast in den Mantel half, wurde ihm ein Trinkgeld angeboten. Er soll es genommen haben.

Mit Sarkasmus verbreitet er sich in seinen Büchern über die oberflächliche Betrachtungsweise gerührter Besucher, die von den wirklichen Problemen seines Hauses keine Ahnung hatten.

Wie die Kinder Sie doch lieben! (Ausruf einer sentimentalen Person.)

Man sagt, es gäbe Gefangene, die nachsichtige Gefängniswärter lieben. Aber ob es wohl ein Kind gibt, das seinem Erzieher nichts nachzutragen hätte? Einmal scheint es zu stimmen, ja, sie lieben, und dann hassen sie mich wieder; aber alle möchten mich angesichts meiner Fehler ein bißchen umarbeiten, besser machen. Die Armen, sie wissen nicht, daß es meine schwerste Schuld ist, kein Kind mehr zu sein.

Wie die Kinder Sie doch lieben! – *Mutter, Vater, Erzieher, wenn dir ein Kind in einer tiefen, gleichbleibenden, uneigennützigen Liebe zugetan ist* – *mache ihm leichte Wadenumschläge und gib ihm sogar ein wenig Brom.*

Noch deutlicher zeigt eine Episode aus dem Ferienlager in Goclawek, wie Korczak mit seinen Mäzenen umzuspringen pflegte, wenn er meinte, die Würde seiner Schutzbefohlenen wahren zu müssen. Das Haus, in dem die Kinder ihre Sommerferien verbrachten, war durch Spenden entstanden, die der Waisenhausvater in zahlreichen Bittgängen zusammengebracht hatte. Er nahm Demütigungen in Kauf, bezog sie gar nicht auf die eigene Person. Als aber bei einer Besichtigung die Spender anfingen, in einem Anfall froher Laune die Waisen aus ihrem Auto heraus mit Bonbons und Keksen zu überschütten, kam Korczak zornentbrannt gelaufen und befahl den Kindern, die zum Teil schon angeknabberten Süßigkeiten wieder zurückzuwerfen. Es wurde ein lustiges Bombardement, die Gäste flüchteten hinter die

Scheiben ihrer Limousine und nahmen es mit Humor. Gab es auch am Gebäude in der Krochmalna vieles auszusetzen, so weckte doch die Atmosphäre von Vertrauen und Herzlichkeit, die darin herrschte, in den Zöglingen das Gefühl des Geborgenseins. Der Doktor führte nicht nur Aufsicht – was bei über hundert Kindern schon anstrengend genug war – er übernahm auch Hantierungen, die nicht unbedingt zu seinem Aufgabenkreis gehörten, nur um den Kleinen recht nahe zu sein. Er schnitt ihnen die Haare und die Fingernägel und dachte sich witzige Geschichten dabei aus, zum Beispiel, daß die Haarschneidemaschine ein Auto sei, mit dem er jetzt über die Warschauer Straßen fahre. Jeden Tag stellte er die Kinder auf die Waage und trug die Ergebnisse in ein Notizheft ein. Diese Gewichtserhebungen, die Hand in Hand gingen mit Beobachtungen am Verhalten der Kinder, gedachte er später einmal auszuwerten, in der Erwartung, daß sich Regeln daraus ableiten ließen. Seinen ersten Beruf brauchte er nie aufzugeben, denn oft war ein Arzt im Hause dringend vonnöten. Und wenn man bedenkt, daß es während der zwei Jahrzehnte, die Korczak im »Dom Sierot« als Leiter tätig war, unter den Waisen nur zwei Sterbefälle gab – die Kriegs- und Nachkriegszeit miteingerechnet – so kann man auch hierin ein Zeichen seiner ärztlichen Wachsamkeit sehen. Um die beiden Verstorbenen trauerte er wie ein leiblicher Vater, und nach Jahren noch kamen ihm die Tränen, wenn er ihre Fotos betrachtete.

In den ersten drei Jahren seiner Tätigkeit in der Krochmalna hatte er bereits begonnen, die Heimerziehung zu reformieren. Es gab Ansätze zur Selbstverwaltung, eine Einrichtung wie das »Gericht«, das bei den Kindern Initiative und Eigenverantwortlichkeit fördern sollte. Aus diesem fruchtbaren Beginn reißt ihn der Erste Weltkrieg heraus.

Janusz Korczak ist Militärarzt im Range eines Hauptmanns und wird einberufen; seine Waisen bleiben unter der Obhut von Frau Stefa zurück. Im Kanonendonner der Schlachten und nach aufreibendem Samariterdienst in den Lazaretten findet Korczak immer wieder Zeit, seine Gedanken nach Warschau zurückzulenken und seine Erfahrungen als Erzieher niederzuschreiben. Der Schriftsteller in ihm ist aufs neue erwacht, aber auch mit dieser Begabung weiß er sich nun ausschließlich der Sache des Kindes verpflichtet.

Das Buch, das unter so ungewöhnlichen Umständen geboren wird, erhält den Titel »Wie man ein Kind lieben soll« und zählt zu den besten, die Korczak geschrieben hat. Ein pädagogisches Buch, gewiß, doch alles andere als ein Sachbuch. Es ist die Absage an jedes »System« in der Kindererziehung, eine flammende Rhetorik für die Rechte des »Proletariats auf kleinen Füßen«, eine Erziehung der Erzieher zur Barmherzigkeit, abgefaßt in einer Sprache von poetischer Präzision. Nichts ist allgemein gehalten, immer werden die konkreten Situationen aufgesucht und in ihrer Widersprüchlichkeit sichtbar gemacht, und bei aller Bezogenheit auf die Praxis kann die Wahrheit nur jeweils im Spannungsbogen von These und Antithese gefunden werden. Es wurde kein handlicher Leitfaden, sondern eine Pädagogik, die mit dem Herzen ebenso aufgenommen werden muß wie mit dem Verstand.

Verlange nicht von dir selbst, bereits ein gesetzter und vollkommener Erzieher zu sein — mit einer psychologischen Buchhaltung im Herzen und einem pädagogischen Gesetzbuch im Kopf. Du besitzest einen wundertätigen Bundesgenossen, einen Zauberer gar — deine Jugend.

Es wäre ein Fehler, zu meinen, daß Verständnis allein genüge, Schwierigkeiten zu vermeiden. Wie oft muß ein mitfühlender Erzieher seine guten Empfindungen zurückhalten und Ausschweifungen Einhalt gebieten, um das Kind zu discipliniertem Tun anzuhalten, obwohl er das gar nicht im Sinne hat.

Der Krieg führt Korczak nach Kiew, wo es zu einer folgenreichen Begegnung kommt. Denn dort stößt er auf ein Internat mit 60 polnischen Jungen, die von einer Gruppe Studentinnen aus dem heimatlichen Frontgebiet dorthin gebracht worden waren. In der Leiterin des Instituts lernt er eine Frau kennen, mit der ihn vieles verbindet. Maryna Falska, die keine Jüdin ist, erweist sich als engagierte Sozialistin von umfassender Bildung und großem Organisationstalent. Sie interessiert sich für Korczaks Ideen, und beide versuchen eine Zeitlang, unter den vom Kriege demoralisierten Jugendlichen einen Teil ihrer Vorstellungen zu verwirklichen. Das Gelingen ermutigt sie, für die Zukunft gemeinsame Pläne ins Auge zu fassen.

Krieg, Wunden, Verlausung, Hunger, die Wirren der Revolution zuletzt – der kleine Militärarzt in der zerschlissenen Uniform erträgt klaglos alle Widerwärtigkeiten, ist immer tätig und immer in Gedanken versunken. Um sein eigenes Wohl kümmert er sich überhaupt nicht, er wäre verhungert, hätten nicht andere ihm etwas zu essen gebracht. Oft ist es nur ein fader Brei, den er hinunterschlingt, um zu überleben. Seine Traurigkeit ist grenzenlos, und nur die nächsten Freunde wissen, was ihn quält. Dieses große Kind hat Heimweh, hat wieder einmal unstillbares Heimweh nach Warschau.

Ende 1918 kann er sich in die Heimatstadt durchschlagen, zur Mutter, die damals noch lebte, zu den Waisen und Frau Stefa, die ihn sehnsüchtig erwarten. Von allen Seiten werden Aufgaben an ihn herangetragen, und er kann sich ihnen nicht entziehen. Die Republik Polen, endlich ein freier Staat, braucht Reformer vom Schlage eines Janusz Korczak. Ein neues Lebensgefühl breitet sich aus, der Spuk des Antisemitismus scheint verflogen. Noch lastet die Not der Nachkriegszeit über dem Land, man muß alle Kräfte anspannen, um wieder menschenwürdige Zustände zu schaffen. Aber was tuts – er ist in Warschau, er ist daheim!

Am Stadtrand entsteht ein Waisenhaus für polnische Arbeiterkinder, »Nasz Dom« (Unser Haus), das von Maryna Falska geleitet und der Aufsicht von Korczak unterstellt wird. Er ist also für zwei Waisenhäuser verantwortlich, hält außerdem Vorlesungen im Institut für Spezielle Pädagogik, fungiert als Sachverständiger für die Fragen Minderjähriger beim Landgericht und redigiert nebenbei die Wochenzeitung »Kleine Rundschau«, an der hauptsächlich Kinder und Jugendliche mitarbeiten. Nach dem großen Erfolg seines Buches »Wie man ein Kind lieben soll« veröffentlicht er die Erzählung »Wenn ich wieder klein sein werde«, eine ironische Studie mit ernstem Hintergrund, in der ein Mann wieder zum Kind wird, aber im vollen Bewußtsein des hinter ihm liegenden Lebens als Erwachsener. Korczak benutzte gern das Stilmittel der Groteske, um seine psychologischen Erkenntnisse deutlich zu machen.

Die zwanziger Jahre werden für ihn die ergiebigste Zeit seines pädagogischen Wirkens, vielseitig und segensreich. Es ist ja in ganz Europa eine Epoche gesellschaftlichen Umbruchs, die überall durch eine Neubesinnung des Erziehungswesens gekennzeichnet ist. In Polen kommt die Euphorie durch die endlich erlangte politische Selbständigkeit hinzu, und so läßt man ihn denn gewähren, den jüdisch-polnischen Patrioten, der mit dem ihm anvertrauten Pfunde zu wuchern versteht und seine reiche Begabung als Waisenhausvater jüdischer wie nichtjüdischer Kinder in den Dienst seines Volkes stellt. Er regt sich, er nutzt alle Mittel, die man ihm großzügig genehmigt, und doch, seltsam genug bei einer Künstlernatur: er bleibt auf Distanz, läßt sich in nichts hineinziehen, liefert sich keiner Gruppe aus, und schon gar nicht dem pädagogischen Pathos, womit man damals den »neuen

Menschen« zu schaffen gedachte. Janusz Korczak fällt auf das Gerede vom neuen Menschen nicht herein, denn er kennt den alten Adam zu gut, aber er hält zähe fest an der Kunst des Möglichen, an der Verbesserung durch langsames Voranschreiten. Seine Begeisterungsfähigkeit, die er sich zu erhalten weiß, bringt er ausschließlich in seine Liebe zum Kinde ein, zu den Kindern, die er im Alltag seiner begrenzten Arbeitsstätte vorfindet.

Kann sein, daß diese Skepsis aus seinem Judentum kam, aus der jahrhundertealten Erfahrung, daß dem Wellenberg einer zeitweiligen Emanzipation noch jedesmal ein Wellental neuer Demütigungen folgte. Er mißtraut dem Optimismus der um sich greifenden Reformfreudigkeit, an der er sich gleichwohl beteiligt, und inmitten der fruchtbaren Unruhe und der hoffnungsvollen Ansätze zu einer demokratischen Lebensordnung mit mehr Gerechtigkeit ahnt und fürchtet er den Rückschlag in eine Friedhofsruhe der Gewalt.

Doch bedeutet Skepsis bei ihm niemals Resignation. Er dient der Sache des Kindes, als hätte er ein klösterliches Gelübde darauf abgelegt. Zwei Bücher sind aus diesem Jahrzehnt zu nennen, in denen er sich wiederum zum Fürsprecher der Kinder macht. »König Hänschen«, ein anmutiges, abenteuerlich-buntes Kinderbuch, gibt Anregungen zu Selbsttätigkeit und Verantwortungsbewußtsein. Während aber zur gleichen Zeit in Deutschland Erich Kästner in »Emil und die Detektive« eine Kindergruppe zum Sieg über die

Erwachsenen führt, mutet Korczak seinen kleinen Lesern die Niederlage ihres Helden zu. Kästners Buch gibt sich realistisch; Korczak kleidet seine Botschaft in ein Märchen und kommt am Ende der Wirklichkeit viel näher.

Mit diesem Vergleich soll »Emil und die Detektive« nicht abgewertet werden, es ist ja ein durchaus geglückter Versuch, die Kinder zu Wachsamkeit und Initiative zu ermuntern. Es geht hier nur um den Unterschied, und der ist freilich fundamental. Korczak erspart den Kindern nicht den Einblick in ihre eigene Hilflosigkeit und Ungeschicklichkeit. Der kleine König ist zum Scheitern verurteilt – einerseits, weil die Erwachsenen mächtiger sind und das Böse besser durchsetzen können, zum anderen aber, weil König Hänschen und die mit ihm regierenden Kinder gleichfalls dem Bösen erliegen: der kurzsichtigen Habgier, der Unordnung aus Eigennutz, dem Mißbrauch der Macht. Mit allen diesen Fehlern bieten sie ein Spiegelbild der Erwachsenenwelt, aus der sie ihre Muster beziehen. Wieviel Vertrauen muß der Dichter in die Erziehbarkeit der Kinder gehabt haben, daß er ihnen die Utopie einer heilen Kindergesellschaft strikt versagt und ihnen stattdessen den bitteren Brocken ihrer Unzulänglichkeit zu schlucken gibt! Man weiß doch, wie süchtig gerade Kinder ihre Hände nach dem Happyend ausstrecken, um sich durch einen kurzen Rausch für ihre Ohnmacht zu entschädigen. Der Arzt und Erzieher Janusz Korczak bietet ihnen keine Droge an, sondern eine schmerzlichheilsame Lehre:

Die Welt könnte besser sein, wenn ihr nur lernen wolltet!

Den Erwachsenen aber redet er in einem weiteren Buch ins Gewissen. Auf »Wie man ein Kind lieben soll« folgt 1928 als Fortsetzung eine kleinere Schrift: »Das Recht des Kindes auf Achtung«. Der Stil ist der gleiche; Erlebnisse wechseln mit Reflexionen, Systematik wird ersetzt durch einfühlsame Phantasie, und im Mittelpunkt steht das Kind, an dem wir immer wieder schuldig werden, weil es keine andere Wahl hat, als von uns zu lernen.

In diesem Kapitel macht die Biographie eine Pause. Es geht um das erzieherische Prinzip Korczaks, soweit davon die Rede sein kann, und da dies niemand besser erläutern könnte als er selbst, soll er hier stärker zu Wort kommen. Die Zitate sind nicht chronologisch ausgewählt, das wäre eine unangebrachte Pedanterie. Es kommt ja darauf an, ein lebendiges Bild seiner Absichten und seines Eindringens in die kindliche Psyche zu geben. Nach allem, was bisher über ihn gesagt wurde, wird man keine Theorien aus der Gelehrtenklause erwarten. Der Praktiker Korczak vertauschte nur jeweils für wenige Stunden seinen Platz innerhalb der Kindergemeinschaft mit dem Schreibtischsessel, um sogleich wieder in seine Werkstatt zurückzukehren. Und darum ist alles, was er uns berichtet, noch warm vom Gebrauch.

Seine »offene Pädagogik« einer schöpferischen Phantasie, an die wir uns heute herantasten, trägt Züge der Romantik, sofern wir das Wort im kulturgeschichtlichen Sinn verstehen. Einer Romantik allerdings, welche die Aufklärung weder bekämpft noch abtut, sondern als einen wichtigen Erfahrungsschatz im Hintergrund bereithält.

Janusz Korczak war ein belesener Mann. Pestalozzi, Rousseau, Hegel, Marx, Nietzsche, Freud und die polnischen Dichter und Philosophen des 19. Jahrhunderts waren ihm geläufig; er hat sie beklopft und befragt und von ihnen gelernt, in Zustimmung oder Ablehnung. Doch ist sein Handeln nirgendwo eine unmittelbare Verlängerung dieser Studien, und niemals macht er aus den Theorien, die er bejaht, einen Zollstock, den er an seine Kinder anlegt. Ihm verwandelt sich vielmehr das Angelesene zum »Erlesenen«, das sich in ihm niederschlägt und erst mit seiner Persönlichkeit verschmelzen muß, bevor er damit umgeht. Er ist ein Meister des indirekten Weges, des Umweges aus Redlichkeit.

Es gibt Fehler, die ein guter Erzieher nur einmal begeht, die er, wenn er sie kritisch überdacht hat, nie wiederholt. Ein solcher Fehler bleibt ihm lange im Gedächtnis. Ein schlechter Erzieher gibt den Kindern die Schuld am eigenen Versehen. Ein guter Erzieher weiß, daß es sich lohnt, auch über winzige Episoden nachzudenken; es sind Probleme in ihnen verborgen – darum achtet er sie nicht gering.

Was man von Korczak direkt übernehmen kann, sind Institutionen, das ist noch allemal das Leichteste. Aber er selbst warnt vor verfrühtem Optimismus. Ordnung war für ihn stets etwas Zweitrangiges, ein zwar unerläßliches, aber auch veränderbares Hilfsmittel. Das Kindergericht, das er schuf, eine richtige Appellationsinstanz, wurde von vielen Heimleitern bewundert und nachgeahmt, selbst noch zu einem Zeitpunkt, als sein Erfinder wieder davon abgekommen war. Sobald er nämlich merkte, daß es zum

Selbstzweck auszuarten drohte, daß die Kinder nach anfänglicher Begeisterung schließlich die Lust daran verloren oder es als bloße Spielerei betrachteten, gab er es auf. Neue Überlegungen wurden nötig. Jahre später erweckte er es in anderer Form zum Leben und erweiterte es zum Parlament, das sich dann allerdings bewährte und ein erstaunliches Zeugnis der Selbstverwaltung in einem Kinderheim darstellte.

Es war ein schwieriger Prozeß, die Kinder dahin zu bringen, daß sie das Kameradschaftsgericht als notwendiges Instrument anerkannten und wichtige Klagen von unwichtigen unterscheiden lernten. Den Vorwurf, daß diese Einrichtung sie zum Petzen verleite, ließ Korczak nicht gelten.

Sich zu beklagen ist häßlich. Wer hat diesen Grundsatz wohl geheiligt? Haben Kinder ihn von fragwürdigen Erziehern oder Erzieher von mißratenen Kindern übernommen? Dieser Grundsatz ist allein für die schlechten und die allerschlimmsten Kinder bequem. Die Stillen und Hilflosen werden benachteiligt, ausgenutzt und beraubt – aber um Hilfe rufen, Gerechtigkeit fordern dürfen sie nicht. Die Unrecht tun, triumphieren – die jedoch Unrecht erleiden, haben es zu erdulden.

Auch der Erzieher darf dem Gericht gemeldet werden, denn wo steht geschrieben, daß er nicht Unrecht tut? Er ist ja ein vielbeschäftigter Mann, da kann es leicht passieren, daß er einen Konflikt in der Eile falsch beurteilt.

Du hast keine Zeit; du kannst nicht ständig achtgeben und nachdenken, um die verborgenen Gründe offensicht-

lich unsinniger Wünsche aufzuspüren, kannst nicht immer in die unerforschlichen Gebiete kindlicher Logik, Phantasie und Wahrheitssuche eindringen — dich nicht immer mit seinem Sinnen und Trachten beschäftigen. Du wirst viele Fehler begehen; denn nur der allein begeht keine Fehler, der überhaupt nichts tut.

Er weiß, daß er Fehler begeht, und er möchte wissen, worin sie nach Meinung der Kinder bestehen, damit er sich ändern oder aber sich rechtfertigen kann. Es hilft gar nichts, wenn man den Mantel der Liebe über eine Streitigkeit breitet, die nicht ausgestanden wurde. Erlittenes Unrecht will geklärt, nicht beschwichtigt werden.

Ich selbst habe mich im Verlaufe eines halben Jahres fünfmal dem Gericht gestellt.

Ich behaupte mit aller Entschiedenheit, daß diese wenigen Fälle Grundsteine meiner eigenen Erziehung zu einem neuen »konstitutionellen« Pädagogen waren, der den Kindern kein Unrecht tut — nicht, weil er sie gern hat oder liebt, sondern weil eine Institution vorhanden ist, die sie gegen Rechtlosigkeit, Willkür und Despotismus des Erziehers schützt.

Die politische Szene der jungen Republik liefert Korczak täglich den Beweis, wie schwer demokratische Tugenden auch in der Erwachsenenwelt zu verwirklichen sind. Deshalb geht er mit dem von ihm geschaffenen Kinderparlament behutsam um und läßt es langsam anlaufen.

Die Befugnisse des Parlaments dürfen nur allmählich erweitert werden. Es mag ruhig zahlreiche Einschrän-

kungen und Ermahnungen geben, aber sie sollten eindeutig und offen genannt werden. Andernfalls sollten wir keine Wahlen veranstalten, keine Spielerei mit einer Selbstverwaltung inszenieren und weder uns noch die Kinder irreführen. Denn ein solches Spiel wäre abgeschmackt und schädlich zugleich.

Man muß immer wieder darauf hinweisen, daß die von Korczak erdachten Institutionen nicht den Zweck verfolgten, sich selbst die Arbeit zu erleichtern. Ungeschickte und phantasielose Erzieher neigen dazu, in dem brodelnden Durcheinander einer Gruppe von vielen verschiedenartigen Kindern zuallererst einmal »aufzuräumen«. Die Blicke unseres Kinderfreundes – helle, stets etwas zerstreut wirkende Blicke – erkannten hinter der so entstandenen augenfälligen Ordnung das Chaos aus Unrecht und Bitterkeit, das sie mit sich bringt.

Zu Recht verabscheuen Kinder kollektive Beschuldigungen. Warum auch soll die Schuld eines einzigen Kindes oder einiger weniger unter die Verantwortlichkeit der Allgemeinheit fallen?

Und was lassen Kinder nicht alles herumliegen, wieviel nutzloses Zeug sammelt sich bei ihnen an, stört das Bild, verletzt das ästhetische Empfinden der Erwachsenen, die alles gern einheitlich, sauber und übersichtlich haben möchten, vor allem in Gedanken an Besichtigungen!

Mit verdrießlichen Blicken betrachtet ein Erzieher den Inhalt von Hosentaschen und Kinderschubfächern ... Ich fürchte, daß ein brutaler Erzieher, ohne Verständnis für diese Dinge und deshalb voller Nichtachtung, in einer Anwandlung von schlechter Laune diese Schätze zusammenscharrt und den ganzen Plunder in den Ofen wirft. Er macht sich dadurch eines unerhörten Mißbrauchs schuldig. Was wagst du es, du Unmensch, über fremdes Eigentum zu verfügen? Du verbrennst keine Papierchen, sondern die Liebe zur Tradition und die Träume von einem schönen Leben.

Es ist die Aufgabe eines Erziehers, dahin zu wirken, daß jedes Kind etwas besitzt, was nicht namenloses Eigentum der Institution ist, sondern ihm allein gehört, und daß es für dieses sein Eigentum einen sicheren Aufbewahrungsplatz hat.

Über das Recht des Kindes auf Eigentum heißt es an anderer Stelle:

Kinder tauschen, treten ab und verkaufen gern Gegenstände ihres geringen Eigentums. Wir sollten das nicht unwillig betrachten oder es gar verbieten. Wenn das kleine Taschenmesser oder Riemchen einem Kind gehört, warum soll es das dann nicht gegen einen Federkasten, einen Magneten oder ein Vergrößerungsglas eintauschen? Sollten wir betrügerische Transaktionen, Streitereien und Zank befürchten, dann laßt uns ein Notariatsverzeichnis einführen, das Mißbräuche verhindern wird. Wenn die Kinder leichtsinnig und unerfahren sind, dann wollen wir ihnen die Möglichkeit verschaffen, die notwendigen Erfahrungen zu gewinnen.

Alle Regeln, die das Miteinander im Waisenhaus erträglich machen sollen, werden mit den Kindern abgesprochen und gemeinsam erarbeitet: der Wochenplan für die Reinigungsdienste, das Fundbüro, die Patenschaften (ein älteres Kind stellt sich einem jüngeren zur Verfügung, um es anzuleiten), der Speisezettel, die Wahl des Platzes bei den Mahlzeiten und im Schlafsaal (nicht jeder kann jedermanns Freund sein), aber auch: Ausflugsorte, Theaterspiele, Mitarbeit an der Heimzeitung. Alles Aufgezwungene erregt Widerwillen und führt zu offener oder heimlicher Rebellion; nur die Ordnung, die im Einverständnis mit den Kindern aufgestellt wird, kann sich auf die Dauer halten.

Wie schwer fällt einem neuen Erzieher die Arbeit in einer Klasse oder einem Internat, wo die Kinder in rigoros strenger Zucht gehalten werden und sich frech und abgebrüht nach den Grundsätzen einer Räuberbande organisiert haben.

Es trifft nicht zu, daß ein Kind ein eingefleischter Anarchist ist. Das Kind hat ein Gefühl für Pflichten, sofern sie ihm nicht gewaltsam aufgezwungen werden, es ist durchaus für Planung und Ordnung, es hält sich an Regeln und Verpflichtungen. Es verlangt lediglich, daß die Bürde nicht allzu schwer sei, daß sie den Nacken nicht durchscheuere und daß es Verständnis finde, wenn es zaudert, wenn es ausrutscht oder wenn es ermattet stehenbleibt, um Atem zu schöpfen.

Und wenn selbst diese von den Kindern im großen und ganzen akzeptierten Regeln durchbrochen werden? Wenn das Kind eine Verpflichtung, die es als notwendig erkannt und freiwillig übernommen hat, dann doch einmal nicht einhalten mag? Darf man

Ausnahmen zulassen, ohne befürchten zu müssen, daß das ganze mühsam errichtete Gebäude zusammenstürzt?

Das ermüdende Ritual des Waschens vor dem Schlafengehen, vielleicht sogar noch Lebertran? An besonderen Tagen sollte man die Kinder mit alldem verschonen und sie nicht mit dem quälen, was die Geschichte, die Wissenschaft und die Erfahrung durchaus zu Recht für sie empfehlen. Gebt ihnen Urlaub davon.

Ein wichtiger Grundsatz: Das Kind soll ruhig unrecht tun. Denn wenn es in der Kindheit keine Irrwege geht, sondern – stets bewacht und behütet – nicht lernt, der Versuchung zu widerstreiten, dann wird aus ihm, mangels Gelegenheit, ein moralisch passiver Mensch, kein durch die Kraft der Selbstzucht tätiger.

»Von dir hätte ich das niemals erwartet. Also auch dir kann man nicht trauen.«

Es ist schlimm, daß du das nicht erwartet, und es ist schlecht, daß du vorbehaltlos vertraut hast. Ein armseliger Erzieher bist du: du weißt nicht einmal, daß ein Kind – ein Mensch ist.

Der Erzieher Korczak kämpft in Praxis und Theorie gegen den Vollkommenheitswahn. Idealisten sind ihm verdächtig, allen Illusionen hat er früh den Laufpaß gegeben. Das Kind ist nicht besser und nicht schlechter als der Erwachsene, nur hilfloser.

Je dürftiger das geistige Niveau [einer Gesellschaft], *je verschwommener das sittliche Profil, je größer die Sorge um die eigene Ruhe und Bequemlichkeit sind, desto zahlreicher begegnen dir Weisungen und Verbote, die von angeblicher Fürsorge für das Wohl der Kinder diktiert sind! Ein Erzieher, der keine peinlichen Überraschungen erleben, keine Verantwortung für das, was alles passieren kann, übernehmen will, ist für die Kinder ein Tyrann. Und zum Tyrannen wird auch der Erzieher, der um die Sittlichkeit der Kinder allzusehr besorgt ist.*

Es ist eine flüchtige Mode, ein Fehler, eine unvernünftige Meinung, daß uns alles, was nicht hervorragend ist, als verfehlt und wertlos erscheint. Wir kranken am Hang zur Unsterblichkeit.

Es geht nicht um das, was sein sollte, sondern um das, was sein kann. Du möchtest, daß die Kinder aufrichtig und wohlerzogen seien. Und dabei sind doch die Umgangsformen dieser Welt verlogen, und Aufrichtigkeit wird oft als Unverschämtheit angesehen. Das Leben ist keine Sammlung von arithmetischen Aufgaben, wo es immer nur eine Lösung gibt und höchstens zwei verschiedene Arten, sie abzuleiten.

Es gibt Kinder, die einen verzweifelten Kampf gegen angeborene Veranlagungen zugunsten der allgemeinen Ordnung führen. Man sollte diesen Kampf nicht durch übermäßige Anforderungen erschweren, sonst verlieren sie den Mut und verwildern.

Du bist jähzornig, sage ich zu einem Jungen, nun ja, dann schlag nur zu, aber nicht zu fest; brause nur auf, aber nur einmal am Tag. – Wenn ihr so wollt, habe ich in diesem einen Satz meine ganze Erziehungsmethode zusammengefaßt.

Das alles klingt nach Gelassenheit, nach nimmermüder Geduld, als gehe da ein weiser Mann tagaus tagein mit mildem Lächeln durch eine lärmende, ausgelassene, sich streitende Kinderschar, ohne sich aus dem Gleichgewicht bringen zu lassen. Diesem Mißverständnis hat Korczak selbst durch zahlreiche Bekenntnisse vorgebeugt. Er gesteht, daß er von heftiger Gemütsart sei, oft ungehalten werde und dann kräftig poltern könne. Aber vielleicht erwarb er sich durch diese Schwäche auch Vertrauen. Ein Erwachsener, der sich in allen Situationen beherrschen kann, wird vom Kind wohl geachtet, doch kaum geliebt. Und zum Schimpfen hatte er Grund genug.

Ein liebenswerter Lausbub, der dir den Ausguß mit Steinchen verstopft, an der Türklinke schaukelt, den Wasserhahn abdreht, den Ofenschieber schließt, die Wand mit Buntstiften vollkritzelt, mit einem Nagel die Fensterbretter zerkratzt und Buchstaben in die Tischplatte schneidet. Unglaublich erfinderisch, aber unberechenbar.

Das sind die Räuber deiner Zeit, die Tyrannen deiner Geduld und die Gärstoffe in deinem Gewissen. Du kämpfst gegen sie an, aber du weißt, es ist nicht ihre Schuld.

Immerhin: ein Lausbub, kein Halunke, und es war nicht seine Schuld. Der Waisenhausvater trug es ihm nicht nach, und darum brauchte auch das gescholtene Kind nicht im Trotz zu verharren. Das zog vorbei wie ein Gewitter.

Ein Kind ist nicht nachtragend. Ein paar empfindsamere Kinder werden dich zwar meiden, wenn du böse oder beschäftigt bist; aber sie verzeihen, wenn sie bemerken, daß du ihnen wohl willst.

Er nimmt die Kinder, wie sie sind, und er liebt sie, wie sie sind. Nicht alle mit der gleichen Intensität, darin macht er sich nichts vor.

Vielleicht gibt es Erzieher, denen die Kinder eines wie das andere gleichgültig oder verhaßt sind; aber keinem sind sie alle in gleicher Weise lieb.

Damit er denen, die ihm nicht ganz so lieb sind, dennoch kein Unrecht tut: dafür eben hat er das Gericht eingesetzt und das Parlament, objektive Instanzen, denen auch er sich unterwirft. Andere Erzieher prüfen sich nicht so streng wie er. Während seiner Tätigkeit an der Pädagogischen Hochschule bekam er von seinen jüngeren Kollegen Selbsteinschätzungen zu hören, bei denen er die Ohren spitzte.

Bei mir gibt es keine Strafen, sagt ein Erzieher, und manchmal ahnt er selbst gar nicht, daß es sie bei ihm nicht nur gibt, sondern daß sie sogar sehr streng sind (Liebesentzug!). Man kann die eigene Liebe geißeln, so wie man früher den Leib gegeißelt hat, aber auch das Empfinden des Kindes.

Verdächtig erscheint mir ein Erzieher, der behauptet, er antworte geduldig auf die Fragen der Kinder. Wenn er nicht die Unwahrheit sagt, dann ist er vielleicht den Kindern so fremd, daß sie sich selten und nur ausnahmsweise mit ihren Fragen an ihn wenden.

Gegen diesen Selbstbetrug geht er verständnisvoll an, denn er erinnert sich zu gut seiner eigenen früheren Fehlhaltungen und Täuschungen. Auch daran, wie hart ihn einmal eine vermeintliche Feindseligkeit der Kinder traf, obwohl, wie er später erkannte, eher Ursache für ihn bestand, sich darüber zu freuen. Zwei Episoden zeigen, daß Korczak von sich selbst und seinen Gefühlen absehen konnte und es sogar fertigbrachte, seine »gerechte« Empörung als gekränkte Eitelkeit zu verstehen.

Ich mache schon seit langem die Beobachtung, daß, wenn ich einem Buben einmal sehr böse bin, dieser alsbald von einer kleinen Schar umringt wird, die ihn zu trösten und ihm alles zu erklären versucht. Ich muß beschämt gestehen, daß mich das sehr geärgert hat. Was sollte das denn heißen? Wenn ich ihn angeschrien habe, dann hatte er's doch offensichtlich auch verdient. Wenn sich die anderen nun um ihn scharten, dann sah es so aus, als ob ich schuldig wäre und nicht er.

Jetzt denke ich anders: gerade so ist es gut, und genauso sollte es sein. Ein jeder sollte im Unglück Menschen finden, die ihm zugetan sind. Es empört mich, wenn jemand in der Schule damit bestraft wird, daß man ihm verbietet, mit den anderen zu sprechen.

Einmal wurde ich nach einem erregten Gespräch gefragt: Ach bitte, Herr Lehrer, warum wird jemand so rot, wenn er sich ärgert? – Während ich also meine Stimme und mein Gehirn strapazierte, um den Jungen auf den Pfad der Tugend zurückzuführen, beobachtete er das Spiel der Farben, die der Affekt in meinem Gesicht hervorbrachte, mit größter Aufmerksamkeit. Ich gab ihm einen Kuß – denn er war bezaubernd.

Janusz Korczak ist davon überzeugt, daß die Kindheit einen absoluten Wert darstellt, nicht im Hinblick auf die Zukunft, auf einen Nutzen für irgend jeman-

den oder irgend etwas, sondern einen Wert an sich.
Die ganze moderne Pädagogik trachtet danach, bequeme Kinder heranzubilden. Artig, gehorsam, gut, bequem — aber ohne einen Gedanken daran, daß es innerlich unfrei und lebensuntüchtig sein wird.
Ich fordere die Magna Charta Libertatis als ein Grundgesetz für das Kind.

> *1. Das Recht des Kindes auf seinen Tod*
> *2. Das Recht des Kindes auf den heutigen Tag*
> *3. Das Recht des Kindes, so zu sein, wie es ist.*

Die erste Forderung ist so radikal abgefaßt, daß sie im Moment befremdet, wenn nicht schockiert. Man muß andere Stellen heranziehen, um zu begreifen, was damit gemeint ist. Schon in seinem Roman »Das Salonkind« hat Korczak die lebensfeindliche Vorsicht eines Elternhauses angeprangert, in dem das Kind allzu ängstlich behütet und vor jedem Luftzug und Stäubchen bewahrt wird. Der Leiter eines Internats erliegt leicht einer ähnlichen Versuchung. Denn da ihm fremde Kinder anvertraut werden, über deren Wohl und Wehe er Rechenschaft ablegen muß, trägt er doppelte Verantwortung: vor den Kindern und vor seinen Auftraggebern. Das lähmt die Spontaneität und führt zu übertriebener Gewissenhaftigkeit. Die Leidtragenden sind dabei die Kinder.
Achten wir darauf, das Kind in dem Bestreben, es vor Diphteriebakterien zu schützen, nicht in die muffige Atmosphäre von Langeweile und Willenlosigkeit zu versetzen.

Aus Furcht, der Tod könnte uns das Kind entreißen, ent-
ziehen wir es dem Leben; um seinen Tod zu verhindern,
lassen wir es nicht richtig leben.

Die Laufkette der Verbote wird auf ein neues Schwung-
rad übertragen. Sauberkeit und Unversehrtheit des Klei-
des, der Strümpfe, der Krawatte, der Handschuhe und
der Schuhe; schon geht es nicht mehr um das Loch in der
Stirn, sondern um das in der Hose. Nicht Gesundheit und
Wohl des Kindes, sondern unser Ehrgeiz und unser Geld-
beutel spielen die Hauptrolle.

Um der Zukunft willen wird gering geachtet, was es
heute erfreut, traurig macht, in Erstaunen versetzt,
ärgert und interessiert. Für dieses Morgen, das es weder
versteht noch zu verstehen braucht, betrügt man es um
viele Lebensjahre.

Wenn von einhundertfünfzig ein Junge so gut schwim-
men kann, daß ihm keine Gefahr droht, und wenn es die
anderen Kinder zulassen, kannst du ihm sogar erlauben,
allein baden zu gehen. Du mußt eben den Mut aufbrin-
gen, ein bißchen Angst um sein Leben auf dich zu nehmen.

Der These folgt die Antithese auf dem Fuße, damit
niemand denke, er könne sich nun auf dem Polster
einer eindeutigen Position niederlassen. Es ist unbe-
quem, zu differenzieren, jeden einzelnen Fall für sich
zu lösen, Extreme zu vermeiden. Aber dieser Mann
hat auch einmal verlangt, man müsse das, was schwer
ist, liebgewinnen.

Da ist er wieder, der Spannungsbogen zwischen
Spruch und Widerspruch, auf dem sich unsere Pädagogik zurechtfinden muß wie die Hände des Virtuo-

sen auf einem schwierigen Instrument. Der Umwandlungsvorgang von der autoritären zur nichtautoritären Erziehung, in dem wir heute stecken, kann nur gelingen, wenn wir nicht voreilig einfach das Gegenteil des Gewohnten zum Leitbild erklären. Ein Kind durch Prügel gefügig machen ist keine Kunst, das kann jeder Ochsenknecht; aber ebenso billig und gefährlich wäre es, aus Erziehungsmüdigkeit die Zügel schleifen zu lassen.

Also sollte man alles erlauben? Durchaus nicht: wir würden aus einem sich langweilenden Sklaven nur einen blasierten Tyrannen machen. Durch Verbote stärken wir immerhin seinen Willen, wenn auch nur in der Selbstbeherrschung und Entsagung, wir entwickeln seine Phantasie, auf engem Raume tätig zu sein, seine Fähigkeit, sich einer Kontrolle zu entziehen, und wir wecken seine Fähigkeiten zur Kritik. Wir müssen die Grenzen seiner und unserer Rechte abstecken.

Der Unterschied zur überlieferten Praxis des Verbietens ist klar ersichtlich, er liegt im Motiv. Um des Kindes willen soll der Erwachsene Verbote aussprechen und Grenzen ziehen, nicht aber, um bloß seine Ruhe zu haben; dem Kind dient er, wenn er es dazu bringt, daß es Versagungen hinnimmt und Aufschub erträgt, denn daran wachsen seine Kräfte: Geduld und Mut. Womit Korczak augenzwinkernd zu verstehen gibt, daß es ein Verbot getrost einmal umgehen und den Erwachsenen überlisten soll – das fördert die Lebenstüchtigkeit. Moralisten werden sich mit dieser Auffassung kaum befreunden können.

Wird die Würde des Kindes dadurch herabgesetzt, daß es ein Sexualleben besitzt? Für den Kenner der Schriften Sigmund Freuds ist dies nicht der Fall. Wer wie Korczak die Desillusionierung als einen Akt der Befreiung ansah, mußte es begrüßen, daß auch auf diesem Gebiet endlich die Tabus gebrochen wurden und das Tor zu einer größeren Unbefangenheit sich auftat. Man wird dem Kind nicht gerecht, wenn man seine Sexualität leugnet, man belastet es unnötig mit der Hypothek eines schlechten Gewissens, die es dann ein Leben lang mit sich schleppt. Wir haben die Wichtigkeit der sexuellen Aufklärung inzwischen erkannt und sie in die häusliche und schulische Erziehung eingebaut; aber wer sich in der pädagogischen Landschaft umsieht, muß zugeben, daß wir von einer Bejahung der Geschlechtlichkeit im Kinde noch weit entfernt sind. Wo das Kind starke Gefühle entwickelt, wird der Erwachsene meist von Sentiments und Ressentiments bestimmt. Der sentimentale Glaube an die »Reinheit« des Kindes bietet sich immer noch an als Entschädigung für die Verarmung des eigenen Gefühlslebens. Und darum halten wir uns an Blumen und Bienen und erniedrigen die Liebe zu einer beschreibbaren Sache, zur baren Funktion.

Die Forschungen Freuds über das Sexualleben der Kinder haben zwar das Kindheitsalter befleckt – haben sie aber nicht auch das Bild eben dieser Jugend von falschen Vorstellungen befreit? Das Verschwinden der liebgewordenen Illusionen von der unbefleckten Reinheit des Kindes brachte auch die Auflösung einer anderen quälenden

Fehlmeinung mit sich: daß plötzlich »das Tier im Kind erwacht und es in den Sumpf schleudert«. Ich habe diese weit verbreitete Phrase hier benutzt, um desto eindringlicher zu betonen, wie fatalistisch unsere Auffassung von der Entwicklung eines Triebes ist, der so eng mit dem Leben verbunden ist wie das Wachstum selbst.

Die Kunst hat die Liebe in Pacht genommen, ihr die Flügel gestutzt und ihr die Zwangsjacke übergestreift; abwechselnd hat sie vor ihr das Knie gebeugt und sie ins Gesicht geschlagen, sie auf den Thron erhoben und ihr befohlen, an den Straßenecken Passanten heranzuwinken; sie hat hundert Formen unsinniger Verehrung erdacht und sie unzählige Male geschändet. Aber die glatzköpfige bebrillte Wissenschaft hat sie nur dann für bemerkenswert erachtet, wenn sie ihre Eiterbeulen untersuchen konnte. Die Physiologie der Liebe kennt nur das einseitige: »Sie dient der Erhaltung der Art.« Das ist ein bißchen zu wenig, zu armselig. Die Astronomie weiß mehr als dies, daß die Sonne leuchtet und wärmt.

Liebe in der Pubertät ist ganz und gar nichts Neues. Die einen lieben einander schon, solange sie noch Kinder sind, und die anderen machen sich schon als Kinder über die Liebe lustig. Ob wir nicht vorzeitige Ausschweifungen begünstigen, wenn wir »vorzeitige« Liebesregungen unterdrücken?

Das zum Jugendlichen heranreifende Kind hat ein Recht darauf, mehr zu erfahren als nur den Sachverhalt von Paarung und Befruchtung.

Ein Buch zerstreut Zweifel nur scheinbar, nur für den Augenblick, und der gleichaltrige Freund ist selbst schwach und ratlos. Der Augenblick ist gekommen, da man ein Kind wieder für sich gewinnen kann; es wartet und ist bereit, unseren Ruf zu hören. Was soll man ihm sagen? Nur nicht davon sprechen, wie Blumen befruchtet werden und Nilpferde sich vermehren, auch nicht darüber, wie schädlich Onanie ist. Das Kind spürt, daß es hier um Wichtigeres geht als um saubere Finger und ein unbeflecktes Bettuch, daß hier sein seelisches Leitprinzip, sein Wesen und seine Lebensverantwortung in Frage stehen.

Wie steht es mit anderen Tabus, mit häßlichen Ausdrücken? Soll man sie streng unterdrücken?

Ich bemerkte das Erstaunen der Jungen darüber, daß ich ganz laut und deutlich dieses verpönte Wort aussprach; ich hatte es so laut gesagt, weil Flüsterworte wie Gärstoffe wirken, weiterschwären und aufreizen, weil es in der Erziehung nichts Schädlicheres gibt als den falschen Schein einer geheuchelten Wohlerzogenheit. Wenn es schon Ausdrücke *gibt, die auszusprechen du dich fürchtest, wie wirst du dich erst* Untaten *gegenüber verhalten, die sie begehen können?*

Der Waisenhausvater spricht mit seinen Zöglingen auch über den Tod. Da ist er als Arzt kompetent und als Soldat zweier Kriege, der den Tod in wechselnder Gestalt kennenlernte und ihm selber oft ins Auge sehen mußte. Er weiß, daß er den Kindern nicht vorenthalten darf, was ihnen täglich zustoßen kann. Und er weiß noch mehr.

Das Spital hat mir gezeigt, mit welcher Würde, seelischer Reife und Einsicht ein Kind sterben kann.

Der polnische Sozialismus um die Jahrhundertwende nahm – in allen seinen Spielarten – unter den gleichnamigen Bewegungen anderer europäischer Staaten eine Sonderstellung ein. Während sich anderswo die Fronten zwischen einer nationalen Rechten und einer internationalen Linken klar herausbildeten, erwiesen sich die polnischen Sozialdemokraten als glühende Patrioten. Die zwei Hauptaufgaben, die sie sich stellten, fügten sich nahtlos aneinander: es galt, die zaristische Fremdherrschaft abzuschütteln und für gerechte soziale Zustände zu sorgen. Im damaligen Zentralpolen setzte die Erfüllung der zweiten Aufgabe die der ersten voraus.

Man muß die damalige Lage der Dinge kennen, die hier vereinfacht skizziert wird, damit man es nicht paradox findet, daß der polnische Patriot Janusz Korczak sich den Zielsetzungen der sozialistischen Gruppen in seinem Lande so begeistert anschloß. Die Gerechtigkeit für das Kind, die er forderte, war ja nur dann aussichtsreich zu verwirklichen, wenn das autokratische System der russischen Unterdrücker durch die parlamentarische Demokratie eines befreiten, selbständigen Polen ersetzt sein würde. Unter der Zarenherrschaft war Korczak nicht der einzige Pole, der Nationalist, Demokrat und Sozialist in einem war

– es gab da keinen Widerspruch. Die Trennung zwischen Rechts und Links trat in ihrer ganzen Schärfe erst in der polnischen Republik nach 1918 auf den Plan, als der allen gemeinsame Feind von der historischen Bühne abgetreten war.

Als Student arbeitete Korczak im Untergrund, war Hörer an der illegalen »Fliegenden Universität«, beteiligte sich an der Hebung der Volksbildung durch geheimen Unterricht, den er armen Kindern erteilte, oder durch seine Tätigkeit bei den gleichfalls verbotenen Volksbüchereien – immer auf der Flucht vor Spitzeln und Gendarmerie, und einmal kam er dafür auch ins Gefängnis.

Die russische Revolution erlebte er in Kiew, und dort begegnete er der Sozialistin Maryna Falska, die nach dem Krieg in Warschau seine Mitarbeiterin wurde.

Stets hat Korczak die Bedeutung politischen Engagements gewürdigt, unter der russischen Despotie wie später im befreiten Polen. Er entzog sich auch keineswegs, wie die angeführten Beispiele beweisen, einer Aktivität, die ihm gerechtfertigt erschien. Seinen frühen Kampfgefährten aus der illegalen Sozialdemokratie des Königreichs Polen blieb er in herzlicher Freundschaft verbunden. Warum er sich dennoch nie dazu entschließen konnte, einer politischen Partei beizutreten, ist eine Frage, der man nachgehen muß.

Der Sozialist und Freund Igor Newerly, der ihn noch im Getto kurz vor dem Abtransport aufsuchte, schreibt darüber: »In dem Landschaftsbild seiner Zeit

zeichnet sich Korczaks Silhouette als die eines sehr einsamen Wanderers ab. Die soziale Linke, insbesondere die aktive revolutionäre Jugend, stieß er durch seinen Skeptizismus ab, aber auch dadurch, daß er die Kinderfrage nicht mit dem Kampf um die Änderung des Gesellschaftsaufbaus verband. Für die Konservativen war er ein Linker, fast schon ein Bolschewik.«
Korczak begrüßte es, daß die Marschallin Pilsudska, die mit Maryna Falska seit der Zeit des Untergrundkampfes befreundet war, im Jahre 1928 das Patronat über sein zweites Waisenhaus »Nasz Dom« übernahm; er kannte und schätzte diese Frau. Doch war dies nur noch der Rest einer alten Gemeinsamkeit, denn den politischen Weg des Marschalls ging er nicht mit. Zwei Jahre zuvor hatte Pilsudski, der aus dem rechten Flügel der Sozialdemokratie hervorgegangen war, durch einen Militärputsch die Staatsmacht an sich gerissen. Und während ihn fast alle linken Gruppen in Polen durch einen Generalstreik dabei unterstützten, notierte sich Korczak in Trauer und Tränen die Namen *seiner* Gefallenen, nämlich der bei dem Aufstand ums Leben gekommenen Kinder.

Es ist nicht erlaubt, Revolution zu machen, ohne an das Kind zu denken.

Wer wie er den »Bazillus des Dogmas« in seiner ganzen Gefährlichkeit erkannt hatte, paßte nicht in das Schema einer Partei.

Keine Ansicht sollte zur absoluten Überzeugung oder zu einer stets gültigen Überzeugung werden. Möge der heutige Tag immer nur ein Übergang von der Summe der

gestrigen Erfahrungen zu dem höheren Stande der Er-
fahrungen von morgen sein.

Der Weg, den ich zu meinem Ziel hin eingeschlagen habe,
ist weder der kürzeste noch der bequemste; für mich
jedoch ist er der beste, weil er mein eigener Weg ist . . .
Verleger drucken manchmal goldene Worte großer Gei-
ster; wieviel nützlicher wäre es doch, eine Sammlung von
irrigen Meinungen zu veröffentlichen, die von den Klassi-
kern der Wahrheit und Wissenschaft verkündet worden
sind. Rousseau beginnt seinen Emile mit einem Satz, dem
die gesamte moderne Vererbungslehre widerspricht.
[»Der Mensch ist gut.«]

Er will einem solchen Irrtum und seiner Verfestigung
entgehen, indem er sich selbst und seine Lebensum-
stände täglich aufs neue prüft, und das könnte er
nicht, wenn er sich einem Programm verschriebe.
Soweit sich der Sozialismus als Befreiungsbewegung
versteht, folgt er ihm gern, nicht aber bis dort, wo er
zur Ideologie wird, nach deren Grundsätzen man
dann auch Kinder erzieht. Denn die Kinder will er zur
Verwirklichung ihrer selbst erziehen und nicht zu
irgend einem Ismus, gäbe der sich auch noch so ideal.
Und darum läßt er sich seine Methode von keiner
Institution vorschreiben, weder von der Kirche, noch
vom Staat oder einer Gesellschaftsklasse. In dieser
Hinsicht postuliert Korczak – wie Newerly ganz richtig bemerkt hat – die kategorische Widerlegung Pla-
tos und all seiner Epigonen durch zwei Jahrtausende,
namentlich für die Pädagogik totalitärer Staaten.
Die Gesellschaft hat dir den kleinen Wildfang anvertraut,

damit du ihn zurechtbiegst und dressierst, ihn für die Umwelt genießbar machst, und nun wartet sie ab. Es warten der Staat, die Kirche, der künftige Brotherr. Sie fordern, warten, passen auf. Der Staat verlangt staatszugewandten Patriotismus, die Kirche Kirchengläubigkeit, der Arbeitgeber Redlichkeit – und alle wollen sie Mittelmäßigkeit und ein demütiges Wesen.

Das aber will der Erzieher Korczak nicht, und so muß er seinen eigenen Weg gehen, einen einsamen Weg, an dem sich zu beiden Seiten die Mißverständnisse häufen: den Linken gilt er als Abtrünniger, als Konterrevolutionär, den Rechten fast schon als Bolschewik. Die Gründe, die in den dreißiger Jahren zum schmerzlichen und endgültigen Bruch mit Maryna Falska führten, sind nicht mehr genau zu ermitteln. Über die unterschiedlichen Anschauungen beider Erzieher gibt uns Hanna Mortkowicz-Olczakowa in ihrer Korczak-Biographie jedoch einen Hinweis. Maryna Falska war, den damaligen Leitlinien ihrer Partei folgend, eine erklärte Atheistin; Korczak dagegen, wie seine kleine Schrift »Unter vier Augen mit Gott« bezeugt, ein Mensch auf der Suche nach dem Ewigen. Er ertrug es nicht, daß man die Kinder in seinen beiden Heimen ohne den Trost des Glaubens aufwachsen ließ.

Wie kindisch ist die Hoffnung von Eltern (nennt sie nur nicht fortschrittlich!), die meinen, daß sie ihren Kindern das Verständnis der sie umgebenden Welt erleichtern, wenn sie ihnen sagen: »Es gibt keinen Gott.« Wenn es keinen Gott gibt, wer ist es dann, der das alles gemacht hat?

60

Korczak wollte seinen Waisen alles geben, was ihr Leben bereichern und ihrem Tode einen Sinn verleihen konnte. Wohl erschien in der Krochmalna wöchentlich einmal ein Rabbiner und erteilte Unterricht in Hebräisch und Religion, aber in einer Weise, die den Kindern nicht zusagte, und da die Teilnahme freiwillig war, fand er nur wenige Zuhörer. Hier sprang der Waisenhausvater in die Bresche. Er führte in beiden Häusern regelmäßige Andachten ein, die so ökumenisch gehalten waren, daß sich keine Konfession benachteiligt fühlen mußte. Das Gebet für seine jüdischen Kinder, das er selbst verfaßte, beginnt mit den Worten: *»Gesegnet seist du, unser ewiger Gott!«* Frau Stefa, die sich gleichfalls früh vom mosaischen Glauben gelöst hatte, erhob keinen Protest.

Maryna Falska aber widersetzte sich dieser Neuerung mit Heftigkeit. Ihre polnischen Waisen, meist Arbeiterkinder katholischer Herkunft, sollten vom »Opium für das Volk« freigehalten werden. Sie mußte sich schließlich Korczaks Anordnung beugen; er selbst ging mit den Kindern zu den Abendgebeten und kniete mit ihnen nieder, während sie sich im Hintergrund hielt. Den von Korczak geplanten Einbau einer Kapelle für ihr Heim wußte sie allerdings zu hintertreiben, und es gehört zu den böswilligen Entstellungen einer vom Antisemitismus korrumpierten Gesellschaft, daß in den reaktionären Kreisen polnischer Katholiken bald das Gerücht aufkam, der »Jude und Freimaurer« Korczak habe den Bau der Kapelle im nichtjüdischen Waisenhaus verhindert.

Es soll hier nicht der Eindruck erweckt werden, als könne man Korczak zum Christen stilisieren; er selbst hätte die Bezeichnung sicher abgelehnt. Er hat sich weder offen noch heimlich je zu einer bestimmten Religion bekannt, und die Profitgesellschaft seines Landes, die sich weithin als christlich verstand, praktizierte vor aller Augen ein Almosengebaren, bei dem die linke Hand nur zu genau wußte, was die rechte tat. Aus Wahrheitsliebe und Gerechtigkeitssinn unterließ er es, die Kinder auf eine Kirche zu verpflichten, die sich mit den Reichen verbündete und den Armen das Streben nach dem schnöden Mammon als etwas Schändliches vorhielt. Er selbst hätte Wohlstand erwerben können und hat um eines höheren Wertes willen darauf verzichtet, aber er dachte nicht daran, seinen Zöglingen eine Enthaltsamkeit zu predigen, die sie zu willfährigen Opfern der Ausbeutung gemacht hätte. Er sah, wie die Welt beschaffen war, in die er sie eines Tages entlassen mußte, und bei ihm schon sollten sie lernen, sich in ihr zu behaupten.

Obwohl es im Waisenhaus nur für einen Teil der Tagesdienste eine Vergütung gibt, bin ich der Meinung, daß es für alle eine Entlohnung geben sollte. In dem Bestreben, gute Staatsbürger heranzubilden, haben wir es nicht nötig, Idealisten zu züchten. Das Waisenhaus verteilt keine Gnadengaben, wenn es sich der Kinder annimmt, die keine Eltern mehr haben; und wenn es die verstorbenen Eltern in der materiellen Fürsorge vertritt, so ist es nicht berechtigt, etwas dafür zu verlangen. Warum sollten wir ein Kind nicht möglichst früh lehren, was Geld

ist, nämlich eine Entlohnung für eine Arbeitsleistung,
damit es den Wert der Unabhängigkeit verspürt, die ver-
dientes Geld verschafft, und damit es die guten und die
schlechten Seiten des Besitzes kennenlernt.

Die guten und die schlechten Seiten des Besitzes – er
hatte sie von Jugend auf erfahren. Wer die Armut nur
von außen sieht, unterliegt mancherlei Täuschungen.
Die Fassade des Elends ist nicht immer grau; man
muß hinter die Erscheinungen blicken, um den wahren Nöten auf die Spur zu kommen. Sarkastisch berichtet Korczak von einer Besichtigung seines Heimes
in dem von Hunger gezeichneten Nachkriegsjahr
1919:

Die ersten Journalisten und Beamten aus Amerika
machten keinen Hehl daraus, daß sie enttäuscht waren:
es war gar nicht so furchtbar. Sie suchten Leichen und in
Waisenhäusern Skelette. Als sie das »Haus der Waisen«
besuchten, spielten die Jungen Soldaten, mit Papierhel-
men und Stöcken. »Offensichtlich hat der Krieg ihnen
nichts ausgemacht«, sagte einer von ihnen ironisch. – Ich:
»Das mag jetzt so sein. Aber der Hunger ist größer ge-
worden und die Nerven sind abgestumpft, einiges kommt
schließlich wieder in Bewegung – und hier und da sieht
man in den Auslagen sogar Spielzeug und Bonbons für
zehn Groschen bis zu einem ganzen Zloty.« – »Ich habe es
mit eigenen Augen gesehen: ein kleiner Kerl hatte zehn
Groschen erbettelt und sich dafür gleich Bonbons ge-
kauft.« – »Berichten Sie das nicht an Ihre Zeitung, Herr
Kollege!« – Fazit: An nichts gewöhnt sich der Mensch
leichter als an fremdes Unglück.

Korczak hat Verständnis für die von den Konservativen erhobenen Einwände gegen das Versicherungs-
wesen des sogenannten Wohlfahrtstaates: es entmün-
digt das Individuum, erstickt die Initiative, verwaltet
und verbürokratisiert die Nächstenliebe und macht
sie anonym. Aber er kennt auch das Gegenargument,
hat das Für und Wider sachlich abgewogen und sich
dann entschieden.

*Darauf beruht ja der Unterschied zwischen arm und
reich, daß das Wohlergehen eines armen Teufels nie gesi-
chert ist. Er besitzt überhaupt keine Rücklagen, und eine
einzige Krankheit, ein einziges Mißgeschick stürzt die
ganze Familie mit einem Schlag ins Unglück. Ich weiß,
daß viele über die Krankenkasse klagen, und ich weiß
auch, daß die Krankenkasse ihre Mängel hat. Aber selbst
so, wie sie ist, ist sie wichtig und nützlich. Die Krankenkasse, das ist etwas vom Gescheitesten, was die Menschen
erdacht haben – wichtiger als Flugzeuge.*

Bis dahin wird ihm die linksradikale revolutionäre
Jugend Polens noch zugestimmt haben. Der Skeptizismus aber, der die jungen Weltverbesserer nach Igor
Newerlys Worten an Korczak abstieß, wird sogleich
offenkundig, wenn er im Anschluß an das eben Ge-
sagte fortfährt:

*Junge Menschen glauben, die Armut, die Ungerechtigkeit
und das Unrecht seien leicht aus der Welt zu schaffen.
Denn warum kann man nicht einfach mehr Papiergeld
drucken, was bedeuten die Steuern, was tut ein Finanz-
minister, auf welche Weise leiht ein Land einem anderen
Geld? Ich würde all das recht gern erklären, aber ich*

weiß es selbst nicht so genau. Und zudem ist es kein gro-
ßer Trost, Bescheid zu wissen, denn man kann doch
nichts ändern, es hängt nicht von uns ab.

Nein, es hängt nicht von ihm ab, von Janusz Korczak,
ob und wie die materiellen Güter dieser Welt gerech-
ter verteilt werden, er versteht auch zu wenig davon.
Er hat gar nicht die Zeit, sich mit Wirtschaftsproble-
men zu beschäftigen, das mögen andere tun. Dieser
subjektive Sozialist findet seine Aufgabe immer unmittelbar vor seiner Tür, im überschaubaren Mikro-
kosmos des ihm anvertrauten Waisenhauses, dessen
Bewohner in mehrfacher Hinsicht hilflos sind: klein,
verwaist, mittellos. (Und jüdisch, wird man später
hinzufügen müssen; aber in diese Schutzlosigkeit
wird dann auch der Erzieher mit hineingestoßen.)
Sozialist ist und bleibt er aus Kenntnis der Armut, es
kann gar nicht anders sein. Immer wieder muß man
die subtile Beobachtungsgabe dieses Mannes bewun-
dern, der von seinen Zeitgenossen als »zerstreut« ge-
schildert wurde. Er schreibt seitenlang über die ver-
schiedenen Gesichter der Armut und warnt die Miter-
zieher mit geradezu beschwörenden Worten vor
einem nivellierenden Urteil.

Meine jungen Kollegen, die Kinder aus den ärmeren
Schichten nicht kennen, möchte ich auf eins aufmerksam
machen: unter diesen Kindern gibt es sehr sorgfältig erzo-
gene und gänzlich vernachlässigte. Kinder der einen Art
gehen denen der anderen nicht nur aus dem Weg, son-
dern sie können beide einander auch nicht leiden, und die
einen mißachten die anderen . . . Ein unaufmerksamer

65

Sozialfürsorger erkennt den riesigen Unterschied zwischen einem anständigen und einem unanständigen Jungen nicht, weil beide arm sind, in der Vorstadt im Arme-Leute-Viertel wohnen und derselben »Sphäre« angehören. Gerade deshalb fürchtet sich der erste vor dem zweiten. Niemand hat das Recht, sie zur Kameradschaft zu zwingen. Wenn ein ausgewachsener Arbeiter das Recht hat, freundschaftlichen Umgang mit Trinkern und Ganoven abzulehnen, weil ihn das kompromittiert, so hat ein Arbeiterkind das Recht, ja, die Pflicht, schlechte Gesellschaft zu meiden ... Kameradschaft zu stiften zwischen Kindern, die hinsichtlich ihres sittlichen Wertes und ihrer Lebenserfahrung gänzlich voneinander verschieden und nur durch die materielle Armut in der gleichen Sphäre gebunden sind – das bedeutet, sie in schlechte Gesellschaft hineinzuziehen und ihre moralische Widerstandskraft leichtfertig auf die Probe zu stellen.

Arme und Reiche lernen sich selten kennen, und sie schätzen einander auch nicht besonders. Ich weiß wohl, warum das so ist. Denn es ist doch meistens so, daß ein anständiger, aber armer Bub mit einem reichen Wichtigtuer oder Angeber zusammenkommt, und ein anständiger Reicher mit einem armen Schmeichler oder Heuchler. Der reiche Angeber sucht die Gesellschaft armer Kinder, um vor ihnen zu prahlen, und der arme Taugenichts die der Wohlhabenden, um etwas herauszuschlagen. Aber die Anständigen auf beiden Seiten meiden einander.

Er ist der Anwalt des Kindes schlechthin, nicht nur des Kindes aus den unteren Schichten. Die These vom »guten Armen« und »bösen Reichen« verweist er ins Reich der Fabel. Damit holt er die Schwärmer unter den jungen Sozialreformern in die Realität zurück, und über die weltfremde Brüderlichkeit wohlhabender Damen macht er sich lustig.

Allzu riskant wäre die Behauptung, daß arme Kinder sittlich höher stehen als Kinder aus wohlhabendem Hause.

Er erinnert sich an die Leiterin eines Warschauer Kinderclubs, die einmal einen unverschämten Bengel aus dem Armeleuteviertel nicht wegschicken wollte, obwohl die anderen Kinder aus dem gleichen Milieu sie darum baten. »Mein Söhnchen spielt doch auch mit ihm, und ihr wollt es nicht – das ist aber häßlich von euch.« Korczak zitiert diesen Ausspruch mit dem spöttischen Kommentar, daß ihr kleiner Sohn das ja unbeschadet tun konnte, denn ihn wird man nicht verhauen, wenn er abends nach Hause geht. Mit einem solchen Rückhalt läßt sich eine Solidarität leicht in Szene setzen, weshalb sie von Korczak denn auch gleich als Scheinsolidarität entlarvt wird.

Gemeinsinn, wie er ihn verstand, bekundete sich in anderen Formen.

Ich setze mich dafür ein, daß es im Haus der Waisen keine feine oder grobe, gescheite oder dumme, saubere oder schmutzige Arbeit gibt – Arbeit für junge Damen oder für gewöhnliches Gesinde. Es sollte im Haus der Waisen niemanden geben, der nur körperlich oder nur geistig arbeitet.

Er setzte sich nicht nur dafür ein, er ging auch mit

gutem Beispiel voran. Das ist natürlich nicht so zu verstehen, als habe er ständig und regelmäßig an allen Dienstleistungen teilgenommen, denn dann hätte er den Überblick verloren und seine Pflicht als Heimleiter nicht wahrnehmen können. Aber er verlangte von seinen Zöglingen keine Arbeit, gleich welcher Art, ohne sie vorher eigenhändig auszuprobieren. Das geschah sowohl des Vorbilds wegen als auch aus Gewissenhaftigkeit. Er wollte prüfen, wieviel Kraft und Geschicklichkeit der jeweilige Dienst erforderte, damit den Kindern nichts zugemutet werde, was ihr Können überstieg.

Und so konnte es passieren, daß ein unangemeldet auftauchender Besucher den berühmten Pädagogen, Arzt und Schriftsteller dabei antraf, wie er das Klosett reinigte, den Korridor ausfegte oder das Eßgeschirr einsammelte. Kein Wunder, daß man ihm Trinkgeld anbot.

Aus der Fülle der Gedanken, die Janusz Korczak sich über Wesen und Auswirkungen der Armut machte, seien an den Schluß dieses Kapitels noch einige Zitate gesetzt.

Die Armen haben in der Schule viele Sorgen, denn selbst wenn sie vom Schulgeld befreit sind, kommt es immer noch teuer genug. Es tut weh, die Eltern um etwas zu bitten, wenn sie nichts haben.

Der eine reißt ganze Seiten aus seinem Schulheft, und niemand kümmert sich darum. Der andere schreibt mit winzigen Buchstaben, damit das Heft länger reicht. Manche besitzen ein eigenes Zimmer oder doch wenig-

stens einen kleinen Tisch mit einer verschließbaren Schublade oder ein Bücherbord. Die können in aller Ruhe ihre Hausaufgaben machen. Aber andere müssen mit klammen Fingern bei schwachem Licht an einem wackligen Tisch mit einer minderwertigen Stahlfeder und blasser Tinte auf billigem schlechtem Papier schreiben.

Nicht jeder bekommt ein Frühstück, bevor er sich auf den Schulweg macht. Vielleicht ist er nicht einmal besonders hungrig, weil er sich schon daran gewöhnt hat, aber er ist irgendwie müde, matt, oder der Kopf tut ihm weh.

Manch einer hat alles, nur keine Lust zum Lernen; ein anderer möchte unbedingt weiter lernen, aber seine Eltern sind der Meinung, nun sei es genug und an der Zeit, zu arbeiten und Geld zu verdienen . . .

Vielleicht haben die Erwachsenen deshalb keine rechte Lust, das zu erklären, weil sie der Meinung sind, es sei zu schwierig, und Kinder könnten es sowieso nicht begreifen. Das ist ein Irrtum. Ein Kind will so etwas wissen, und es hat ein Recht darauf; wenn die Eltern sich grämen, dann ist es auch schmerzlich betroffen. In armen Familien wissen die Kinder übrigens genau, warum es einmal ein vollständiges Mittagessen gibt, ein andermal aber nur Brot und knapp gesüßten Tee, sie kennen den Preis von einem Paar Schuhsohlen und einer neuen Mütze. Sie wissen auch, daß es besser ist, wenn der Vater zwar weniger verdient, ihm aber seine Stelle dafür sicher ist. Denn die größten Sorgen gibt es da, wo es wohl einmal gelingt, ein bißchen mehr zu verdienen, dann jedoch lange – nichts und wieder nichts. Arbeitslosigkeit – das ist ein großes Unglück. Es ist schon betrüblich, wenn man seine Lektion gut beherrscht und der Lehrer einen dann nicht aufruft, aber es ist viel schlimmer, wenn man arbeiten kann und will und keine Arbeit bekommt, während ein nicht so guter Arbeiter eine Beschäftigung gefunden hat.

Und nun eine ganz wichtige Regel des Lebens: mein lieber guter Bub, trink keinen Schnaps, trink dieses verfluchte Gift nicht! Ich habe einmal gelesen, daß der Schnaps eine Erfindung des Satans sei. Das mag wohl wahr sein.

Der Schnaps raubt einem nicht nur das Geld, oftmals das letzte; der Schnaps raubt auch die Kraft, die Gesundheit und den Verstand und tötet im Menschen den Willen und das Ehrgefühl. Drei Kriege habe ich erlebt. Ich habe Verwundete gesehen, denen eine Hand zerfetzt war, Verwundete mit aufgerissenen Bauchdecken, denen die Därme herausquollen, ich habe Gesichts- und Kopfverletzungen gesehen – bei verwundeten Soldaten, Erwachsenen und Kindern. Aber ich sage euch: das Schlimmste, was man sehen kann, das ist ein Säufer, der ein hilfloses Kind schlägt, oder ein Kind, das seinen betrunkenen Vater führt und fleht: Vater, Vater, komm doch heim!

Ein Kind schämt sich seines betrunkenen Vaters, als ob das arme Würmchen schuld daran wäre; es schämt sich, daß es Hunger hat, weil daheim große Not herrscht. Ich weiß nicht, warum das so ist, ich kann es nicht begreifen. Manchmal machen diese Kinder sich noch – allem zum Trotz – lustig über ihre zerrissenen Stiefel oder ihr geflicktes Gewand, aber in ihrem Herzen verbergen sie Traurigkeit und Wehmut ...

Selbst wenn wir der offenkundigen Lüge Glauben schenkten, daß die Kinder des Proletariats geistig minder wert-

volle Individuen seien als die Kinder der Bourgeoisie, so wäre es immer noch ein Verbrechen, diese Kinder der vergifteten Umgebung der Kellerbehausungen und dem Hunger preiszugeben. Und dennoch geschieht genau das. Solange wir nicht allen Menschen Brot und ein Dach über dem Kopf geben, dazu die Möglichkeit, sich geistig zu vervollkommnen, solange dürfen wir uns nicht der Täuschung hingeben, wir verdienten den Namen »Menschliche Gesellschaft«.

Normalerweise bringt ein Mensch die Schwierigkeiten der Jugendjahre hinter sich, wie man eine Krankheit besteht. Unsicherheit, Unausgeglichenheit, die riesige Kluft zwischen Wollen und Können, das Leiden an der eigenen Unzulänglichkeit – das alles wird überwunden, wenn mit der fortschreitenden Zeit die Kräfte wachsen, der Realitätssinn erwacht, die bedrohliche Kluft sich verringert. Im günstigen Fall werden die Ideale nicht einfach über Bord geworfen, sondern lediglich ihres illusionären Charakters entkleidet. Reife gewinnen, das heißt: sich mit Vernunft und Einsicht in der Kunst des Möglichen üben, das Einerlei des Alltags auf sich nehmen, Rückschläge ertragen können, weil die bereits erprobten Fähigkeiten der Hoffnung ein festes Fundament bereitet haben. Die Psychologen sprechen von Frustrationstoleranz und behaupten, daß nur der sie erwirbt, der seinen Platz innerhalb der Gemeinschaft gefunden hat.
Auf Janusz Korczak trifft dies zu, und auch wieder nicht. Der geniale Mensch zeichnet sich ja vor allem durch eine hohe Sensibilität aus, die ihn an der Welt leiden und oft sogar verzweifeln läßt. Stimmt es wirklich, daß dem Menschen nur aufgebürdet wird, was er auch tragen kann? Der moderne Theologe verweigert dem Selbstmörder ein christliches Begräbnis nicht

mehr, aber hinter vorgehaltener Hand hört man auch heute noch über den Selbstmord Worte der Verachtung und Verständnislosigkeit gerade von Leuten, deren Aufgabe es wäre, hier Barmherzigkeit zu beweisen. Einer hängt am Kreuz und schreit: »Mein Gott, mein Gott, warum hast du mich verlassen?« – und ein anderer, unversehrt und unangefochten, nähert sich ihm mit dem Vorwurf, daß ihm wohl die rechte Glaubensgewißheit fehle. Er selbst besitzt sie nämlich, ein für allemal. Dafür aber auch, ohne daß er es weiß, die »Unfähigkeit zu trauern«.

Daß der wahre Glaube an Gott, an den Menschen, an das Leben nur möglich ist an der Randkluft der Verzweiflung – wer will das schon wahrhaben? Die Verzweiflung hat einen gar zu unheldischen Aspekt, sie eignet sich schlecht als Baustein für eine Märtyrerlegende.

Janusz Korczak war über weite Strecken seines Lebens hin ein erfolgreicher Mann und ist doch von seinen Depressionen nicht losgekommen. In seiner Jugend befreite er sich vorübergehend davon, indem er sein Leiden in Worte faßte, aufzeichnete, nach künstlerischen Formgesetzen artikulierte. Die Erfahrung, daß Schreiben hilfreich sein kann, verließ ihn nicht mehr und ging auch in seine Erziehungsarbeit ein. Mitunter mutet seine hohe Auffassung von der heilsamen und reinigenden Kraft des geschriebenen Wortes geradezu rührend an. Was wurde im Waisenhaus nicht alles schreibend bewältigt? – »Schreib es auf!« lautete der meistgehörte Ratschlag, und Mate-

rial für Tagebücher in Form von Kladden oder Blök-
ken stand reichlich zur Verfügung. So manche Not
eines kleinen Herzens ergoß sich mit ungelenken
Buchstaben und fehlerhafter Orthographie in seiten-
lange Niederschriften und verlor dadurch ihren Sta-
chel. Oft brachten die Kinder ihrem Hausvater das
Heft, damit er es läse, und auf diese Weise erfuhr er
mehr von ihnen, als ein flüchtiges Gespräch vermit-
teln könnte. Die Wandtafel wurde eifrig für Ankündi-
gungen benutzt, das Gericht arbeitete mit Schriftsät-
zen, an denen gewissenhaft gefeilt wurde, und außerdem gab es noch die Heimzeitung, an der sich alle
Kinder mit Beiträgen beteiligten. Wegen einer falschen Schreibweise brauchte sich keiner zu genieren,
die verbesserte der Redakteur Janusz Korczak; er
nannte sie ganz einfach »Druckfehler«.
Es versteht sich, daß bei einer so ausdauernden
Übung letztlich gute Ergebnisse im Ausdruck und in
der Rechtschreibung erzielt wurden, aber das war ein
– wenn auch nicht zu unterschätzendes – Nebenpro-
dukt. Lauter potentielle Schriftsteller wuchsen ihm
unter seinen Kleinen heran, deren literarischen Ehrgeiz er durch fortwährende Ermunterungen wachzu-
halten suchte. Es fehlte nicht an warnenden Stimmen
aus den Reihen der Pädagogen (Stimmen des Nei-
des?), die ihm vorwarfen, daß er seine Zöglinge zur
Schreibsucht verleite. Er antwortete gelassen darauf.
*Schreibsucht ist nicht gefährlich, gefährlich ist nur das
Analphabetentum. Schreibsucht ist eine gesunde Erschei-
nung in einer kulturellen Gemeinschaft. Den jüdischen*

*Kindern beibringen, daß sie ordentlich polnisch schreiben
lernen, das ist eine schöne und notwendige Aufgabe.*

Was er darüber hinaus mit der Erziehung zum Schreiben bezweckte, verschwieg er, man hätte es wohl nicht ganz verstanden. Verstehen wir es denn, daß er in all diesen Jahren stets ein Gift bei sich trug, ein Röhrchen mit Tabletten, die ausgereicht hätten, sein Leben in wenigen Minuten auszulöschen? Verstehen wir es, daß er mitten im fröhlichen Getümmel eines Badeausflugs, als die Kinder im Fluß Swider planschten und eines sich etwas weit hinauswagte, einer ängstlichen Erzieherin antwortete: *»Das macht Ihnen Sorgen? Und wenn sie ertrinken? Ist es nicht das beste, was einer jüdischen Waise passieren kann?«*

Bitterkeit, Trübsinn, vielleicht eine Vorahnung, wir wissen es nicht. Wir können nachträglich nur feststellen, daß er von den Morphiumtabletten, die er auch während einer Gestapohaft bei sich hatte und die man ihm bezeichnenderweise nicht abnahm, keine schluckte, sie selbst dann nicht anrührte, als es in die Verschleppung und in den sicheren Tod ging. Solange seine Kinder ihn brauchten, mußte er am Leben bleiben, und sie brauchten ihn eben – bis zuletzt.

Er hat das Leben als ein Tollhaus empfunden, war das so falsch? Die Situation, in der er sich am Ende mit seinen Zöglingen befand, ist ja nicht auf einen Unglücksfall zurückzuführen. Der Krieg forderte seine Opfer wie eh und je in der Weltgeschichte; die Verantwortlichen pflegen sich hinterher zu rechtfertigen, ihr Tun mit Notwehr zu begründen, und gelegentlich mag dies sogar einmal zutreffen. Daß Janusz Korczak und seine Kinder sterben mußten, hatte nichts mit dem Krieg zu tun, für ihre Ermordung gibt es schlechthin keine Begründung. Sie wurden Opfer eines Wahns, wie ihn selbst das als finster verschriene Mittelalter in diesem Ausmaß nicht gekannt hatte. Die zum Prinzip erhobene Absurdität verbündete sich mit einer perfektionierten Technik und setzte eine Mordmaschinerie in Gang, die Berge von Leichen zurückließ.

Wir können immer nur den einzelnen sehen: das Kind Anne Frank, die Nonne Edith Stein, den Schriftsteller Jochen Klepper, den Schauspieler Joachim Gottschalk, den Essayisten Walter Benjamin, den Kulturkritiker Egon Friedell, die Greisin Doris Tucholsky (Mutter von Kurt Tucholsky) – um nur diese wenigen zu nennen, die alle unmittelbar vom herrschenden Rassenwahn betroffen und in den Tod getrieben wurden. Ihre Berühmtheit oder ihr individuelles Schicksal entriß sie der Anonymität einer Statistik von rund sechs Millionen Toten, für deren unsägliches Leid sie stellvertretend zeugen. Und in ihrer Reihe finden wir auch Janusz Korczak, der die Welt mit einem Irrenhaus verglich.

Er verfaßte 1930 ein Drama mit dem Titel »Senat der Tollköpfe« und reichte es dem Direktor des Warschauer Athenäum-Theaters ein. Das Stück erlebte nur wenige Aufführungen und wurde bald abgesetzt, weil seine Symbolik beim Publikum nicht ankam.

Ein Parlament aus lauter Geistesgestörten versammelt sich auf der Bühne und bietet ein Spiegelbild der kranken Gesellschaft, in der einer am anderen vorbeiredet. Der Arbeiter, der Kneipenwirt, der Börsenjobber – sie kämpfen für ökonomischen Fortschritt, unter dem jeder etwas anderes versteht. Ein Heraldiker tritt auf, der nichts kennt als Vergangenheit und Rasse; ein Homosexueller wiederum ist mit der gleichen Intensität auf das Geschlechtliche fixiert. Es gibt den Schlemmer, der sich ausschließlich dem Lebensgenuß verschrieben hat, aber auch die erschreckende Gestalt eines Obersten, der gegen Humanismus, Bildung und Juden wettert und die Welt unter seinen Stiefeln zermalmen möchte. Jeder der vorgeführten Typen ist von seinem Spleen besessen und unfähig, auf den anderen zu hören. Ein Chaos, hinter dem das Dämonische sichtbar wird, das in allen Ideologien steckt und eine Kommunikation nicht zuläßt. Über dieser babylonischen Verwirrung tickt unentwegt eine verhexte Uhr, die an Stelle von Zeigern mit Schwertern versehen ist und nichts mehr anzeigen kann, da sie sich außerhalb der geordneten Zeit befindet.

Eine Gestalt irrt klagend über die Bühne – der »traurige Bruder«, der die Utopie einer heilen Welt als Erinnerung in sich trägt, den Glauben daran aber verloren hat. Möglichkeit und Wirklichkeit haben sich zu weit voneinander entfernt. Dies ist nicht die Kluft zwischen Wollen und Können, denn die ließe sich bei Anspannung aller Kräfte schließen oder wenigstens verringern. Nein: sondern das Gute wird nicht mehr gewollt, wird nicht mehr als verbindlich erkannt, weil jede Übereinstimmung fehlt. Darum beschwört der traurige Bruder eine entsetzliche Vision herauf: »*Das Elend, die Qual, den Aufruhr, die Kriege, Explosionen, Giftgase, Ruinen, die zerrissenen Leiber und die Brandtrümmer, Fieber und Irrsinn.*«

Es bleibt noch die Figur des alten Priesters zu nennen, ein Umnachteter auch er – der Schauplatz ist ja ein Irrenhaus – aber seine Geistesgestörtheit ist von besonderer Art. Der Priester, der seinen Gott verloren hat, hört dennoch nicht auf, ihn zu suchen, und als Weggenossen erwählt er sich dazu ein Kind. Am Ende des ersten Aktes tritt dieser Greis, Hand in Hand mit dem kleinen Janek, an die Rampe, setzt sich nieder und erzählt ihm ein Märchen. Gott ist nicht tot, er hält sich nur verborgen. Verschreckt von den Streitigkeiten des öffentlichen Lebens hat er die Kirchen verlassen und ist in die Spitäler gegangen, in die Nachtasyle und Bordelle, zum Verbrecher unter den Galgen. Aber auch dort wollte sich keiner von ihm lieben lassen, und so flüchtet er weiter, verfolgt von den Behörden, die ihn an seinen alten Platz zurückbringen wollen. Endlich stöbert ein kleines Mädchen ihn auf: im Nest einer Lerche! Nun haben sie ihn wieder, die Menschen, nun sind sie seiner nach langem Suchen habhaft geworden, und in einem feierlichen Zuge holen sie ihn ein, um ihn mit großem Pomp an die Stelle zu setzen, die sie für ihn bestimmt haben. Gott aber entzieht sich ihnen, indem er sich in den Perlen eines Rosenkranzes verbirgt, und von dort dringt er in die Herzen der Kinder, die noch unverfälscht zu beten verstehen.

In diesem Märchen haben wir den ganzen Korczak, seine Traurigkeit, aber auch seine Hoffnung. Denn die klingt ja zuguterletzt auf, nur leise, sehr leise eben, und für den Kammerspielton solcher Weisheit hatten die Zeitgenossen kein Gehör. Sie verstopften schon zu Anfang ihre Ohren bei den Prophezeiungen des Grauens, von dem sie nichts wissen wollten, und verspürten dann auch nicht die zarte Mahnung, die das Märchen vom verlorenen Gott enthielt. Sie hätte heilsam sein können, wäre man ihr aufgeschlossen und nachdenklich gefolgt. Es scheint, daß wir dies selbst heute noch nicht fertigbringen, trotz der schmerzlichen Erfahrungen, die hinter uns liegen. Im Zeitalter der Massen, das die Kunst der Propaganda mit allen technischen Raffinements betreibt, sind wir immer noch viel zu sehr auf laute Überredung eingestellt.

Der Mißerfolg seines Dramas hat den Dichter weniger in seiner Künstlereitelkeit getroffen als in seinem Glauben an die menschliche Vernunft. Er wollte sich nicht um des Ruhmes willen Gehör verschaffen – das hätte er billiger haben können –; er meinte es bitter ernst. Die Polarisierung der weltanschaulichen Richtungen nahm zu, die politischen Kontroversen wurden brutaler, die Judenfeindlichkeit eroberte sich in der Mitte der dreißiger Jahre eine Machtstellung, die auch einen so geachteten Mann wie Korczak nicht mehr schonte. Man bediente sich seiner noch, aber man verleugnete ihn. Regelmäßig ließ man ihn im

Rundfunk sprechen; die »Radioplaudereien eines alten Doktors«, mit Sachverstand und Humor vorgetragene Ratschläge für Erwachsene und Kinder, erfreuten sich in ganz Polen großer Beliebtheit. Die Anfragen beim Warschauer Sender mehrten sich: Wer war dieser Mann? Warum erfuhr man seinen Namen nicht? – Die Antwort hätte lauten müssen: »Weil er Jude ist«, aber eine solche Antwort wurde natürlich nicht erteilt.

Wäre Korczak ein junger Mann gewesen, er hätte den Sendeleitern wahrscheinlich den Kram vor die Füße geworfen und ein so unwürdiges Spiel nicht mitgemacht. Geändert hätte er damit nichts. Und so nahm er die Erniedrigung in Kauf, blieb namenlos und versuchte, als der »Alte Doktor« mit seinen Worten die Menschen zu erreichen, solange es ihm noch gestattet wurde.

Als er die Welt mit einem Irrenhaus verglich, richtete seine Satire sich gegen die sogenannten Normalen, die er als die wahren Besessenen anprangerte. In einer Epoche des Verfalls verwischt sich auch die Grenze zwischen Gesunden und Kranken. Der Arzt Janusz Korczak gehörte einige Jahre dem Verwaltungsrat einer Nervenklinik an und war Inhaber eines Lehrstuhls für Sonderschulpädagogik; ihm wäre es nicht eingefallen, einen Geisteskranken zur Witzblattfigur zu stempeln. Dem Schwachsinnigen wendet er seine Liebe zu wie dem schwachen Kind – beide sind abhängig und hilfsbedürftig, sie brauchen Verständnis und behutsame Führung. Mit der ihm eigenen Einfühlungsgabe versetzt er sich in die Gebrechlichkeit der Debilen und beobachtet gerührt, mit welcher Anstrengung sie an die einfachsten Aufgaben herangehen müssen.

Ich liebe meine Schule für die geistig Zurückgebliebenen — ich liebe diese großen Leute, in denen der Geist nur schwach flackert — wieviel wertvoller ist für mich ein leichter Hauch ihres Lächelns, weil er so selten ist, weil er ihnen so viel Mühe bereitet. Da hat einer seinen Knopf allein zugeknöpft, nun wartet er auf ein Lob: solch eine wichtige und schwierige Arbeit hat er selbständig vollbracht! Ich könnte gar nicht mehr unter normalen Leuten arbeiten, unter solch prahlerischen Millionären, die von der Natur so reich begabt worden sind. Diese meine Guten, meine Unschuldigen! Ihre ganze Schuld besteht darin, daß ihr Vater ein armer Teufel oder ihre Mutter eine Säuferin war, daß sie als kleine Kinder einmal aus ihrer Wiege fielen, weil niemand auf sie achtgab, daß ihr Gehirn zu klein ist oder daß es an einer verborgenen Stelle eine alte und tote Narbe hat.

Immer wieder verwandelt Korczak sein Leiden an der Welt in ein Mitleiden, das ihm hilft, von persönlichen Kränkungen wie von seiner Person überhaupt abzusehen. Die Empfindsamkeit des Künstlers bleibt sein Teil, aber sie wird nicht zur Empfindlichkeit, mit der sich so manches Genie, selbstversponnen und selbstsüchtig, in den Elfenbeinturm einer Auserwähltheit zurückzieht. Er wird mit seiner Einsamkeit fertig, indem er sie täglich aufs neue durchbricht und sich um die Verlassenen kümmert, deren Elend er so gut ver-

steht, weil es sein eigenes Elend ist. Einem Neuan-
kömmling im Waisenhaus opfert er auch die wenigen
Schreibstunden der Nacht. Er sitzt am Bett des von
Trauer und Trennungsschmerz geschüttelten Kindes,
streichelt ihm den Kopf, trocknet die Tränen, spricht
tröstende Worte – im Kerngehäuse des Bescheidwis-
sens darüber, was Heimweh ist.

Seine Niedergeschlagenheit geht in die Aufzeichnungen ein. Vor den Kindern zeigt er sich stark, meistens
fröhlich, manchmal zornig, und nie enttäuscht.

*Du mußt über dein Gefühl den Kindern gegenüber Klar-
heit gewinnen, und du mußt wachsam sein; denn die
Kinder, die du nicht nur erziehst, sondern von denen du
selbst ebenfalls erzogen wirst, können dich auch verder-
ben.*

*Du hast das Tor des Internats ganz fest verschlossen, aber
du kannst doch nicht verhindern, daß schlimme Flüster-
reden von der Straße eindringen und daß rohe, brutale
Stimmen Eingang finden, die sich durch Moralpredigten
nicht übertönen lassen. Der Erzieher kann die Augen
niederschlagen und so tun, als wisse er von nichts, die
Kinder aber werden ihr Wissen umso boshafter hüten.*

*Ich kann den Grund zu einer Tradition der Wahrheit,
der Ordnung, des Fleißes, der Rechtschaffenheit und der
Aufrichtigkeit legen, aber ich werde kein Kind zu etwas
anderem umformen, als es ist.*

Das klingt nach Resignation, als sei er nahe daran, vor
den Grenzen erzieherischen Einflusses zu kapitulie-
ren, wüßte man nicht, daß er im Tageskampf dann
doch versuchte, diese Grenzen zu erweitern. Was in

den nächtlichen Grübeleien zu Unbehagen, Müdigkeit und Melancholie führte, die Erkenntnis nämlich, daß so viele Bemühungen im Sande verliefen, das wurde in fruchtbare Beunruhigung umgesetzt und zum Antrieb für neue Versuche und wirksamere Methoden. Man darf nicht vergessen, daß er es oft mit sehr schwierigen, verwahrlosten Kindern zu tun hatte. Aber gerade weil er von einem Kinde nicht zuviel verlangte, war es ihm gegeben, das wenige Gute, das er in ihm angelegt fand, herauszulocken und zu entwickeln.

Unverschämtheiten brachten ihn auf, sie erschöpften seine Nachsicht. Da er selbst frei war vom Vollkommenheitswahn, brauchte er es nicht zu dulden, daß man ihn mit Forderungen belästigte, denen auch der Beste nicht nachzukommen vermöchte. Grimm und Hohn führten ihm die Feder, wenn unvernünftige Schüler erwarteten, daß sich ihr Erzieher als pädagogischer Heros erweise.

Der Lehrer schreit euch an? Pardon, Monsieur, was soll er denn tun, wenn ihr ihn ärgert? Er ist auch ein lebendiger Mensch mit seinen Nerven und Beschwerden, seinen Familiensorgen und Gallensteinchen ... Er erklärt nicht richtig, seine Lehrmethoden sind schlecht? Pardon: aber sollte man vielleicht ausschließlich in deine Schule aus ganz Polen Wissenschaftler wie Kopernikus, auserwählte Redner wie Skarga und Dichter wie Slowacki zusammentreiben? Nur für dich allein? Pardon: wenn du aus einem Kuchen die Rosinen herauspickst, wird immer ein anderer weniger bekommen. Willst du dich nicht mit einem *guten Kameraden begnügen, und der Rest sind eben weniger gute? Man kann sich nur soviel leisten, als die Hütte reich ist.*

Die Hütte war nie besonders reich gewesen, und im Zuge des sich verstärkenden Antisemitismus zu Beginn der dreißiger Jahre wurden die Subventionen weiter gekürzt.

Für Korczak war der Zionismus bis dahin eine Randerscheinung gewesen, mit der er für sich persönlich nichts anfangen konnte. Er fühlte sich als Pole, als ein Kind der Stadt Warschau; er hatte für Polens Freiheit gekämpft und gelitten, war ins Gefängnis gegangen, hatte diesem Land seine besten Kräfte gewidmet, jedes seiner Bücher war eine Liebeserklärung an die polnische Muttersprache. Zu ihr auch erzog er seine jüdischen Kinder, die das Jiddische im Waisenhaus bald verlernten, das er selbst zwar verstand, aber niemals richtig sprach. Zur mosaischen Religion fand er keinen Zugang, sie war ihm schon in seiner Kindheit fremd gewesen. Nun aber, als ihn sein Vaterland verstieß und ihm nicht mehr erlaubte, ein polnischer Patriot zu sein – wohin sollte er sich wenden? Es genügte nicht, daß er den polnischen Boden mit seinen Füßen noch berührte, wenn ihm dieser Boden als geistige Heimat entzogen wurde. Mit Betroffenheit erinnerte er sich:

Ein Nationalist sagte einmal zu mir: Ein Jude, und sei er auch ein aufrichtiger Patriot, ist bestenfalls ein guter Warschauer oder Krakauer, nie aber Pole.

Waren die Zionisten nicht doch im Recht, die sich,

der Demütigungen und Verfolgungen überdrüssig, in Erez Israel ihre Heimstätte wieder aufbauten, damit auch der Jude ein Vaterland habe? Mehr und mehr wurde ihm, Korczak, sein jüdisches Schicksal zum Problem. Dies beweisen auch seine beiden Reisen nach Palästina in den Jahren 1934 und 1935. Das zionistische Programm beginnt ihn zu interessieren, fasziniert ihn an Ort und Stelle: der Fleiß und die Beharrlichkeit der jüdischen Siedler im Lande ihres Ursprungs, die Rückkehr zu den fast verschütteten Quellen, der inbrünstige Glaube daran, daß sich die zwei Enden des Fadens, der vor zweitausend Jahren zerrissen wurde, wieder zusammenknüpfen ließen. Aber kann er daran noch mitwirken? Schon auf der ersten Reise notiert er im Kibbuz Ejn Harod:

Das ist ein anderes Verhältnis zu Gott und eine andere Moral. Das ist eine andere Flora. Das Gras ist anders, sogar die Kiefer. Ihre Borke ist fremd, fremdartig sind ihre Nadeln. Eine andere Nahrung gibt es hier, alles ist bis zur Verzweiflung anders. Ich sprach auf meinem morgendlichen Spaziergang mit dem palästinensischen Wald, wir konnten uns nicht verständigen.

Nach der Heimkehr von seiner zweiten Palästinareise überfällt ihn eine Nervendepression, die einige Monate andauert. Erschöpfung, Zweifel, Ungewißheit – er hängt in der Luft, weiß nicht mehr, wohin er gehört. Er hat die Krise halbwegs überwunden, da kommt der Bruch mit Maryna Falska, über den Korczak nie ein Wort verlor. Er übergab ihr die Leitung von »Nasz Dom« in Bielany, wo sie alles umkrempelte, was ihr an seinen Reformen seit langem mißfiel. Man darf vermuten, daß auch ein Druck von staatlichen Stellen auf Korczak ausgeübt wurde, als er in Bielany abdankte und sich auf seine Arbeit in der Krochmalna bei seinen jüdischen Kindern beschränkte. Fast zur gleichen Zeit – es war 1936 – kündigte man ihm seine Rundfunksendungen auf, ohne einen Grund dafür anzugeben.

Er faßt den Entschluß, für den Rest seines Lebens nach Palästina zu gehen. Es gibt viele Gründe dafür, aber nur ein einziges Motiv, das in der schlichten Feststellung gipfelt:

Dort wird der Schlechteste nicht dem Besten ins Gesicht spucken, nur weil dieser ein Jude ist.

Verfolgt man die Anläufe, die Janusz Korczak unternahm, um seine Ausreise nach Palästina zu erwirken, so kann man ihnen eine gewisse Halbherzigkeit nicht absprechen. Gemessen an der Zähigkeit, womit er Verbesserungen im Erziehungswesen anzustreben pflegte, bleiben diese Absichten kraftlos, von einer ständigen Hemmung unterwandert. Den Versuch, das Hebräische zu erlernen, setzt er nach kurzer Zeit wieder ab. *»Für Sprachen war ich nie sehr begabt«.* (Er sprach Polnisch, Russisch, Deutsch, Französisch, Englisch!) Daß er sich Reisegeld und Papiere besorgen mußte, war unter den verschärften Bestimmungen gewiß lästig – aber hatten ihn Unbequemlichkeiten jemals gestört, als es noch um seine Kinder ging? Man erinnere sich nur seiner Bettelgänge in der Zeit vor dem Ersten Weltkrieg und der Unverdrossenheit, mit der er die Wohltäter seines Waisenhauses bestürmte.

Vordergründig betrachtet scheiterte der Plan zur Auswanderung an finanziellen Schwierigkeiten. Korczaks Antrag an seine Versicherungsgesellschaft, man möge ihm die Pension von dreihundert Zloty in einen sofort auszahlbaren Pauschalbetrag verwandeln, wurde abschlägig beschieden. Daraufhin ließ er die Angelegenheit ruhen. Das Geld hätte sich auch anderweitig beschaffen lassen, aber es scheint, als habe er die Ergeb-

nislosigkeit in diesem Falle mit Erleichterung aufgenommen. Er brauchte einen Vorwand, um seine
Zweifel zu ersticken. Sommer 1937, in den Tagen, als
die Verhandlungen mit der Versicherungsgesellschaft
noch nicht abgeschlossen waren, schreibt er an den
Freund M. Zylbertal nach Palästina:

*Es ist für mich eine Unmöglichkeit, daß ich aus Protest
oder um zu fliehen reise. Ich will doch in den paar Jahren, die mir noch bleiben, Nutzen bringen . . . Zu euch
fahren? Die Verantwortung für das tragen, was ich hier
zurücklasse, und die leisten, die meine Verpflichtung mir
dort auferlegen wird – ob ich das schaffen werde? Das
Risiko schließt die Möglichkeit eines Bankrotts ein. Nur
auf mich selber dürfen die Folgen einer fehlerhaften Be-
rechnung zurückfallen. Das Vertrauen eines anderen zu
enttäuschen bedeutet Unrecht. Davor schrecke ich im letzten Augenblick zurück.*

*Ich will jetzt polnische Kleinstädte besuchen, wie ich im
vorigen Jahr Kibbuze besucht habe . . . Ich fühle mich
schuldig, weil ich diese Welt in Verwirrung zurücklasse,
weil ich zu schwach war, das Kind zu beschützen.*

Hätte er seine zweihundert Kinder aus der Krochmalna mitnehmen können, es wäre alles anders gelaufen. Aber daran war unter den damaligen Umständen
nicht zu denken. Gruppenreisen nach Palästina gab es
nicht, schon die Einreise eines einzelnen geschah ille-
gal. Der Staat Israel existierte noch nicht.

Janusz Korczak blieb bei seinen jüdischen Waisenkin-
dern in Warschau. In seinem Nachlaß findet man darüber kein Wort der Reue oder des Bedauerns. Frau

Stefa, die sich gleichfalls mit Ausreiseplänen getragen hatte, harrte an seiner Seite aus.

Er besuchte polnische Städte und Dörfer, er nahm die geliebte Heimat mit allen Sinnen in sich auf. Die Wälder Polens gaben ihm Antwort, wenn er Zwiesprache mit ihnen halten wollte; das Rauschen, Raunen und Plätschern der träge in ihrem Bett dahinströmenden Weichsel war eine vertraute Musik von Kindheitstagen an. Ob Vaterland oder nicht – Heimat blieb dieses Land ihm darum doch, er hatte keine andere.

Warschau war mein Boden, die Werkstätte meiner Arbeit, hier bin ich daheim, hier sind meine Toten begraben.

Die polnische Sprache hat kein Wort für »Heimat«. Vaterland – das ist zu viel und zu schwer. Empfindet das nur der Jude, oder vielleicht der Pole auch? Vielleicht nicht Vaterland, sondern Häuschen und Garten? Liebt denn ein Bauer sein Vaterland nicht?

Er sollte noch einmal Gelegenheit bekommen, für dieses Vaterland seine Stimme zu erheben, Sohn eines Volkes, von ihm verstoßen und nun wieder angenommen. Der Ausbruch des Zweiten Weltkrieges versetzt ihn in einen Rausch. Der Arzt und Erzieher Janusz Korczak, der das Grauen vieler Schlachten erlebt und die Kriegslüsternheit eingefleischter Militaristen stets verdammt hatte, er begrüßt diesen Krieg als ein reinigendes Gewitter und verspricht sich von ihm für sein Volk das Ende der Zwietracht und ein Zurückfinden zu einer opferbereiten Brüderlichkeit. Vergessen sind die Kränkungen, er trägt niemandem etwas nach, wenn man ihn nur wieder braucht, ihn mitmachen, raten und helfen läßt in dieser allgemeinen Not und Kopflosigkeit.

Illusionen, wir wissen es, und: wie kam er dazu, ausgerechnet er? Ein Skeptiker, der den menschlichen Schwächen bis auf den Grund geblickt hat, der Habgier, Neid, Haß und die Borniertheit des Rassismus am eigenen Leib erfuhr – wie konnte er einer solchen Täuschung verfallen und sich von einem Krieg versprechen, daß er das Gute im Menschen auslöse? Man darf wohl so fragen, nur kritisieren darf man es nicht. Vor der Reinheit dieser Gesinnung muß jede Kritik die Waffen strecken.

Skeptisch war er, wachsam und nüchtern, sorgsam beobachtend und auf genaue Erkenntnis bedacht. Und wie deprimierend auch oft die Resultate seiner Forschungen ausfielen – sie trieben ihn wohl in die Einsamkeit der Melancholie, nicht jedoch in den Zynismus. Ein Zyniker kann nicht lieben.

Der Genetiker Korczak hat die Behauptung Rousseaus, daß der Mensch von Natur aus gut sei, als Irrtum erkannt und verworfen. Das Wort Erbsünde fällt bei ihm nicht, doch was es bezeichnet, scheint er als ein Grundwissen in sich getragen zu haben. Auf der anderen Seite lehnt er Nietzsche ab und nennt ihn einen gefährlichen Propheten, gerade weil sich die Menschenfeindlichkeit und Mitleidlosigkeit dieses Philosophen in einer subtilen, hochgeistigen Sprachkultur als besonders verführerisch darbietet. Daß Korczak sich immer wieder zur Liebe überwand, zeugt von seiner Religiosität. Wer mit einem solchen Maß an Liebesfähigkeit begnadet wurde wie er, kann auch auf die Krücken des Dogmas verzichten. Er findet Gott, und sei es im Nest einer Lerche oder in den Herzen der Kinder.

Es ist seine Lauterkeit, die ihn bei Anbruch des Krieges zu so kühnen Träumen und Hoffnungen hinreißt. Von Liebe beseelt und getragen, setzt er sie auch bei anderen voraus und weiß nichts mehr von Vorbehalten und Mißtrauen. Der Traum ist nur kurz, aber er zeigt den alten Streiter für Menschlichkeit und Gerechtigkeit noch einmal in voller Aktion: begeistert und mit seiner Begeisterung die anderen anspornend, mutig und gelassen, opferwillig und zukunftsfroh. Er zieht nun wieder die Uniform eines Majors der Polnischen Armee an und trägt sie bis an das Ende seiner Tage, obwohl er wegen seines Alters nicht mehr einrücken muß. Viele sind aus der bedrohten Hauptstadt geflohen, am Warschauer Sender fehlt es an versierten Sprechern; Korczak muß her, und er kommt nur zu gern. Während schon die ersten Bomben auf die Stadt fallen, tönt seine Stimme immer noch über den Rundfunk, mahnt zur Besonnenheit, erteilt aber auch praktische Ratschläge, wie man sich bei einem Bombardement verhalten solle, wo man am besten und schnellsten Schutz finde. Dieser Mann, dem pathetische Gebärden so gar nicht lagen, ruft nun die polnischen Kinder auf, sie möchten zum Grabmal des Unbekannten Soldaten pilgern und es mit Blumen schmücken. Das hochherzige Bekenntnis zum Vaterland soll ihnen den Rücken stärken und ihnen helfen, die Angst zu besiegen.

Als die Stadt eingekreist ist, die Artilleriegeschosse überall einschlagen, rennt er mit seinem Sanitätskasten durch die Straßen, hebt Verwundete auf und sorgt für ihren Abtransport oder leistet Erste Hilfe; verirrte und verängstigte Kinder bringt er in Sicherheit. Tag und Nacht ist er unterwegs, dabei immer in Lebensgefahr. Dann rollen deutsche Panzer ein, die Kapitulation wird besiegelt, und Korczak geht in die Krochmalna zurück zu der einzigen Aufgabe, die ihm die Besatzungsmacht noch gestattet.

Er erläßt einen »Aufruf an die Bevölkerung Warschaus«, den er mit seinem Namen unterzeichnet, und noch einmal spürt man etwas von seinem heiligen Zorn gegenüber Feigheit und Eigennutz.

Unsere Regierung existiert nicht mehr. Die einen wurden getötet oder ruiniert, die anderen denken voller Egoismus nur an sich selbst. Alle diejenigen sind niederträchtig und töricht, die da inmitten eines Gewitters glauben, nur sie allein würden davonkommen. Die Kinder sind unsere Zukunft. Ich verlange hundert Zloty für das Waisenhaus. Ich fordere es und bitte nicht darum. Ich werde in den nächsten Tagen das Geld abholen, und ich werde keine Absage dulden.

Für diese harten und unerbittlichen Worte hatte er seine Gründe. Privatpersonen mochten in dem Chaos zurechtkommen, sich irgendwie durchschlagen. Das Waisenhaus aber war in höchster Gefahr, seit die

Organisationen öffentlicher Wohlfahrt allenthalben zusammenbrachen. Korczaks Realitätssinn stand auf: er mußte zweihundert Kinder am Leben erhalten. Alles, was an Fürsorge darüber hinausging, lag nicht mehr in seiner Macht.

Auch in scheinbaren Kleinigkeiten bekundete sich seine Unbeugsamkeit. Für ihn war es keine Bagatelle, daß er die Uniform eines polnischen Offiziers auch nach dem Einmarsch der deutschen Truppen anbehielt, und dabei hätte es ihn den Kopf kosten können. Es war sein Ehrenkleid, das Kleid seiner Zugehörigkeit zu seinem Volk, es war für ihn so notwendig wie die Luft, die er atmete; es gab ihm Kraft und Haltung. Und ebenso waghalsig betrug er sich mit seiner konsequenten Weigerung, die gelbe Armbinde anzulegen, die von der deutschen Besatzungsmacht bald darauf allen Juden zur Pflicht gemacht wurde.

Es kam zu einigen Zwischenfällen, die jedesmal glimpflich abliefen. Noch kümmerten die Besatzer sich nicht um den kleinen kahlköpfigen Mann, den sie für einen armen Narren hielten. Bis er sich eines Tages persönlich in die Höhle des Löwen wagte, aufs höchste aufgebracht, blind und taub gegenüber jeglicher Vorsicht. Deutsche Polizisten hatten einen für das Waisenhaus bestimmten Lastwagen mit Kartoffeln beschlagnahmt, das war zuviel. In Uniform und ohne Armbinde begab sich Korczak unverzüglich zum Palais Blank, um das Eigentum seiner Kinder zurückzufordern. Als sich herausstellte, daß er Jude war, verprügelte man ihn und steckte ihn in das berüchtigte

Pawiakgefängnis, das die Gestapo übernommen hatte.

Damals, Oktober 1940, begann man gerade, die Mauern für das Getto zu errichten. Ein Jude war noch nicht ohne weiteres und unmittelbar Todeskandidat, aber bereits eine Ware, mit der sich Geschäfte machen ließen. In den Verhören durch die Gestapo wurde Korczak bedeutet, daß er freikäme, falls die jüdische Gemeinde für ihn ein Lösegeld zahle. Er winkte erschrocken ab, als er die Höhe der geforderten Summe erfuhr. Mehrere Monate blieb er in der Haft, aus der er als ein kranker Mann entlassen wurde. Er litt an einer Herzmuskelschwäche, an geschwollenen Beinen, an den Folgen einer nicht behandelten Brustfellentzündung. Nicht die jüdische Kultusgemeinde war es, die ihn aus der Quälerei erlöste. Drei seiner ehemaligen Zöglinge, Benjamin Cukier, Harry Kalischer und Chaim Bursztyn, hatten es fertiggebracht, in unablässigen Bittgängen insgesamt dreitausend Zloty für ihren alten Vater zu sammeln. Von ihnen ließ er sich helfen, sie holten ihn aus der Zelle heraus.

Das Waisenhaus in der Krochmalna, die zum sogenannten arischen Stadtteil gehörte, mußte ins Getto übersiedeln. Zusammen mit Frau Stefa und den Kindern richtete sich Korczak in der Chlodna ein, aber auch dort durften sie nicht bleiben. Anfang 1941 wurden sie in das »kleine Getto« verwiesen, in ein Durchhaus der Sliskastraße, das mit seinen riesigen Räumen, ehemaligen Festsälen, für ein Kinderheim denkbar ungeeignet war. Der alte Waisenhausvater, ein erprobter Organisator, holte aus den widrigen Umständen das Bestmögliche heraus. Nachts dienten die beiden Säle als Schlafräume, tagsüber wurde alles umgestellt, damit Platz entstand für Freizeitbeschäftigungen und Spiele. Gemeinsam mit den älteren Jungen zimmerte Korczak spanische Wände, die den Raum aufteilen und kleineren Gruppen ein wenig Eigenleben gewährleisten sollten. Die Nervenprobe des Massenlebens, von jeher für ihn ein Stein des Anstoßes, wollte er seinen Zöglingen auch jetzt ersparen, so gut es ging. Frau Stefa schlief bei den jüngsten Kindern in einem der Säle, er selbst zog sich nachts in das Krankenzimmer zurück, um sofort zur Stelle zu sein, wenn einer seiner Patienten ihn brauchte. Um seine eigene Krankheit, von deren Schwere er wußte, kümmerte er sich nicht.

Unbeirrt hielt er an alten Einrichtungen fest, an der Heimzeitung zum Beispiel, die er weiterführte, als sei nichts geschehen. Dies war nicht Eigensinn, sondern Klugheit, und es geschah ausschließlich den Kindern zuliebe. Er fürchtete, sie könnten abstumpfen und in Lethargie versinken, wenn er ihren Tag nicht in gewohnter Weise aufgliederte mit all den kleinen Tätigkeiten, von denen die meisten ihren Sinn längst verloren hatten. Einige der älteren Waisen schienen das Spiel durchschaut zu haben.

Für die neuen Kinder wird die Zeitung eine Offenbarung sein. Aber die Alteingesessenen wissen, daß sie sowieso nicht erfahren, was für sie wichtig oder gar besonders

wichtig ist. Es ist ihnen eigentlich gleichgültig, sie hören
gar nicht zu. Wenn sie sich vor einer Anstrengung drük-
ken können – warum nicht?

Nicht die Kinder zerrten an seinen Nerven wie früher,
als es noch auf normale Weise zuging: heftig, streit-
süchtig, albern und ausgelassen, das war vorbei. Oft
umfaßte er mit seinen müden, von einer Bindehaut-
entzündung getrübten Augen die Schar seiner Kleinen, voll Trauer und Sorge; denn was wie Disziplin
aussah, diese Ruhe, Bravheit und Willigkeit – ihm erschien es unheimlich, weil es unkindlich war. Die
Zöglinge teilten den Kummer ihres Hausvaters, sie
erkannten, wie er sich ihretwegen plagte und hätten
ihm gern geholfen. Er bemerkte es mit Rührung und
Beklemmung zugleich. Sie waren doch Kinder, sie
durften ihm nicht vergreisen.

Unser Haus ist jetzt ein Altersheim. Die Kinder schlei-
chen umher. Nur die äußere Haut ist normal...
Schmerzlich ist der Ernst ihrer Tagebuchnotizen. Wenn
ich auf ihre vertraulichen Mitteilungen eingehe, dann
spreche ich zu ihnen als Gleicher zu Gleichen. Wir haben
gemeinsame Erlebnisse – sie und ich. Die meinen sind
etwas verdünnter, verwässerter, aber sonst die gleichen.

Es gab nur noch eins, was ihn zermürbte und ihm
manchmal den letzten Schwung raubte, das war der
Kampf um die tägliche Nahrung. Die Deutschen hatten die Juden ins Getto gezwängt und überließen sie
dort ihrem Schicksal. An den Toren verhinderten die
aufgestellten Posten jegliche Einfuhr von Lebensmit-
teln; wen sie beim Schmuggeln ertappten, erschossen

sie auf der Stelle, sei es Kind oder Greis. Wie konnte man unter diesen Bedingungen das Leben überhaupt aufrechterhalten?

Durch Selbstverwaltung, gewiß. Der sogenannte Judenrat konstituierte sich, wählte seine Vertreter – die von Korczak einmal als Würdenträger bezeichnet werden – und beauftragte sie, die von den Deutschen gewünschte Ordnung im Getto zu garantieren. Das Wort Ordnung kann man hier nur mit Bitterkeit aussprechen. Der jüdische Wohnbezirk, eine Fläche von 403 Hektar, mußte eine halbe Million Menschen aufnehmen. Sie waren gezwungen, ausschließlich von den Vorräten zu leben, die sie mitgebracht hatten oder die dort noch vorhanden waren, teils in Lebensmittelgeschäften und Lagerräumen, teils bei Wohlhabenden, die sich rechtzeitig eingedeckt hatten. Das führte zum Haß gegenüber den Besitzenden, aber auch zu Schwarzhandel, Bestechungen und demütigender Sklavenarbeit. Denn weil es Straßenbahnen nicht mehr gab und die noch vorhandenen Pferde wegen der Hungersnot geschlachtet werden mußten, hielt man den Verkehr durch Rikschas aufrecht und entlohnte die Kulis mit Geld, später mit einem Stück Brot. Anfangs konnten Lebensmittel durch geheime Schlupfwinkel noch hereingeschmuggelt werden, aber mit der Zeit verschärfte sich die Kontrolle und verstopfte auch diese Quelle. Im Protokoll der Regierungssitzung vom 15. 10. 1941 heißt es: »Der Herr Generalgouverneur ist der Auffassung, daß für die jüdische Bevölkerung weitere Lebensmittel nicht zur

Verfügung gestellt werden können.« Es war zunächst geplant, die Menschen im Getto durch Hunger auszurotten. Sie wehrten sich verzweifelt. Ein Hilfskomitee, »Centos« genannt, übernahm die Fürsorge für die hungernden Kinder. Auch bildeten sich Hausgemeinschaften, die täglich eine aus Heu zubereitete Suppe austeilten. Es fehlte nicht an gutem Willen, der aber zunichte gemacht wurde durch die doppelte Not aus Erniedrigung und Armut. Eine entsetzliche Ungewißheit hing über dem belagerten Stadtteil, die unglaublichsten Gerüchte machten die Runde und umnebelten die Gehirne, Hoffnungen blühten auf und fielen in sich zusammen, das Abgeschnürtsein und der Hunger trieben die einen zu wilder Lebensgier, die anderen in den Selbstmord. Wer nicht alle Instinkte zu seiner Erhaltung mobilisierte, wer es nicht über sich brachte, vor den Türen der Begüterten zu betteln oder im Abfall nach Eßbarem zu wühlen, der war schon des Todes. Reiche und Arme, vor kurzem noch durch ständische Schranken voneinander geschieden, fanden sich mit einem Schlage zu einer Gleichheit verurteilt, auf die sie nicht vorbereitet waren. Solidarität will gelernt sein, man muß sie üben, ehe sie noch durch eine Ausnahmesituation wie diese erzwungen wird. Und sie braucht das Fundament eines allen gemeinsamen Ideals, dem man sich verpflichtet fühlt. Ein solches aber läßt sich nicht künstlich herstellen.

Wie leicht ist es doch, einem Menschen seine Würde zu nehmen! Man lasse ihn hungern, man pferche ihn mit anderen auf engstem Raume zusammen, entziehe ihm die Mittel, sich zu waschen und seine Kleider zu pflegen – es wird nicht lange dauern, und er bietet genau den Anblick, den seine Peiniger sich wünschen. Auf diese Weise erfahren die Vorurteile eine nachträgliche Bestätigung. Man kann noch ein übriges tun (und man tat es): die Opfer nämlich im unklaren darüber lassen, was man mit ihnen vorhat. Die trügerische Zuversicht, die so genährt wird, vermag auch dem Tapfersten seine Standfestigkeit zu rauben.

Tiefer und tiefer senkte der Todesengel seine dunklen Schwingen auf das Warschauer Getto herab. Die Metapher darf indes nicht dazu verleiten, daß man sich den Untergang großartig-heldenhaft vorstelle. Das hat es erst in der Endphase gegeben, im April 1943, als die letzten Überlebenden ihre Ausweglosigkeit erkannt hatten. Da kam es dann zu dem Aufstand, der in die Geschichtsschreibung einging, zu dem tollkühnen Versuch einiger jüdischer Menschen, sich endlich einmal zu wehren und sich nicht wie die Lämmer zur Schlachtbank führen zu lassen. Sie waren der Vernichtung ausgeliefert, aber sie wollten ihr Leben bis zum letzten Atemzug so teuer wie möglich verkaufen.

In den Tagen, da der alte Doktor auf seinen geschwollenen Beinen durch die Straßen wankte, um das tägliche Brot für seine Schützlinge zu erbetteln, bot die Tragik des Gettos noch ein schäbiges Bild. Das Paradoxe, das Absurde, schlechthin Undenkbare verzerrte den Tag, der darum doch Alltag blieb; Erscheinungen, die in normalen Zeiten Sensationen hervorrufen, wurden zur Selbstverständlichkeit und kaum mehr beachtet. Nur der Waisenhausvater, der die Dumpfheit in sich bekämpfte und seinen Geist lebendig hielt, registrierte die Perversitäten mit Erschrecken.

Auf dem Gehsteig liegt ein toter Junge. Daneben bessern drei Buben mit einer Schnur ihre Zügel aus. Auf einmal bemerken sie den Daliegenden – und treten ein paar Schritte zurück, ohne ihr Spiel zu unterbrechen.

So sah das aus. Das Leben ging weiter, wie eine triviale Redewendung lautet. Es ging weiter unter fatalen Dissonanzen: Hier Tote im Rinnstein – dort Betrunkene in einer Bar; vor der Mauer fallen Schüsse – an der nächsten Straßenecke werden Geschäfte gemacht; einer schiebt einen Karren mit übereinander gestapelten Leichen zur Grube – in der Nebenstraße steigt eine stark geschminkte Frau in eine Rikscha und genießt ihr makabres Privileg. Und in der Dzielna konferiert der Doktor Korczak mit den Verantwortlichen des Hilfskomitees und feilscht um ein bißchen Pferdeblut, das mit Grütze vermengt eine wertvolle Nahrung ergibt. Es kommt zu einer heftigen Meinungsverschiedenheit wegen eines verkommenen Jugendlichen, den er aus dem Waisenhaus gewiesen hat und der ihm vom Zentralrat nun wieder aufgenötigt werden soll, weil niemand mit dem Burschen fertig wird. Korczak traut man es zu, an sein pädagogisches Talent stellt man Anforderungen, als sei er ein Magier. Er setzt sich zur Wehr, spricht von Kollektivverantwortung; er hat sich, wie jeder weiß, in normalen Zeiten nicht gedrückt, wenn man ihm ein schwieriges Kind zur Erziehung übergab. Jetzt aber geht das nicht, unter diesen Umständen, er muß an die anderen Kinder denken. – Jemand versucht, seinen Klagen die Spitze zu nehmen mit dem Hinweis, es gehe doch alles noch relativ friedlich zu, schließlich befände man sich nicht mitten in einer Schlacht. Den alten Frontoffizier ekelt es vor solchem Vergleich. *Möchtest du lieber in der Schlacht bei Charkow stehen? Da schüttelte ich voller Verachtung dieses Zeitungsgeschwätz ab und antwortete: Ja, das möchte ich. – Auch wenn es schlimmer ist, es ist anders.*

Wer will es Korczak verübeln, daß er den asozialen Jungen dann doch entfernte? Er hatte keine andere Wahl.

Ich habe an das Kommissariat geschrieben, das sie Adzio fortschicken: er ist zurückgeblieben, bösartig und widerspenstig. Wir können nicht das ganze Haus wegen irgendeiner seiner unüberlegten Handlungen gefährden.

Man kann das Gettotagebuch – das uns wie durch ein Wunder erhalten blieb, weil Freunde es auf dem Dachboden einmauerten – man kann diese letzten Aufzeichnungen Korczaks durchblättern, wie man will: nirgends findet sich ein Anzeichen von Empörung gegen den Rassenwahn, gegen den Irrsinn, dem er und die Seinen hier ausgeliefert wurden. Darüber staunte er nicht mehr, das lag hinter ihm, er wußte es seit langem, im »Senat der Tollköpfe« hatte er es vorgeführt. Mochten die anderen, die sich damals von dem Stück abwandten und ihren Tanz auf dem Vulkan nicht wahrhaben wollten, sich nun mit der Situation auseinandersetzen und ihre Lektion nachholen. Korczak versagte sich die Geste der Ohnmacht, seine Empörung richtete sich nur noch gegen unmittelbare und korrigierbare Ungerechtigkeiten. Aber selbst das Gegensatzpaar Recht-Unrecht hatte seine Bedeutung eingebüßt unter Bedingungen, in denen man »den Armen schuldig werden« ließ. Der alte Streiter für Gerechtigkeit befand sich auch moralisch in einer unhaltbaren Position, seine tägliche Feuerprobe war das Dilemma.

Jahre nach seinem Tod, als die Chronisten darangingen, die letzten Lebensmonate des Janusz Korczak auszuloten und sein Verhalten unter die Lupe zu nehmen, mischten sich unter die Bewunderung auch kritische Stimmen, die ihm vorwarfen, er habe sich von seinen Idealen entfernt, er sei am Ende boshaft, egoistisch, hartherzig und raffgierig gewesen. Das alles war er, es läßt sich unschwer nachprüfen. Aber wem zuliebe war er es denn? Zweihundert schutzlose Waisen, denen er Vater und Mutter zugleich sein mußte, warteten Tag für Tag darauf, daß er ihnen das Nötigste zum Leben heranschaffte. Ein Leben, das auf seinen engsten biologischen Kern reduziert wird, ist mit Idealen nicht mehr zu meistern. Da bleibt der Liebe nur noch die kreatürliche Reaktion, die darum doch Liebe genannt zu werden verdient. Verlangt denn jemand von einer Vogelmutter, daß sie sich um fremde Nester kümmere, wenn die eigenen Jungen mit aufgesperrten Schnäbeln nach Futter schreien?

Im Waisenhaus beträgt er sich ganz als der Alte, sogar die Gewichtskurven führt er weiter. Auch Pedanterie ist ja ein Stützkorsett in solcher Lage. Was immer sich an Gewohntem noch machen läßt, behält er bei – nur nichts aufgeben, da sich ohnehin so vieles ändert, auf das er keinen Einfluß hat.

Der Tag begann mit dem Wiegen… Das Frühstück selbst ist auch schon eine Arbeit. Wir hatten nach meinem unanständigen Brief an einen Würdenträger eine verhältnismäßig gute Zuteilung erhalten. Es gibt ein Echo auf diese Briefe. Aber auch Gereiztheit. Irgendwie werden sie schon versuchen, sich alles zurückzuholen – wie soll man das auch verhindern? Die quälende Frage: habe ich es gut oder schlecht gemacht? – eine düstere Begleitmusik zu dem sorglosen Frühstück der Kinder. Es wäre bequem, alles genauso zu machen wie im vergangenen Jahr. Aber das hat den Haken, daß sich vieles geändert hat.

Wenn wir uns erinnern, lügen wir unbewußt. Das ist klar, und ich sage es nur für die allerprimitivsten Leser. Ein oft gehegter Traum und Plan war eine Reise nach China. Dostojewski sagt, daß sich alle unsere Träume im Laufe der Jahre erfüllen, jedoch in einer so entstellten Form, daß wir sie nicht wiedererkennen. Nicht ich kam nach China, China kam zu mir. Chinesischer Hunger, chinesische Mißachtung der Waisenkinder, chinesische Kindersterblichkeit.

Die Trübsal gehört der Nacht, wenn er seine Gedanken niederschreibt, in einer Stille, die nur ab und zu durch Schüsse unterbrochen wird. Er ist ein erfahrener Krieger, er trägt die Uniform eines Majors, aber an diese Schüsse gewöhnt er sich nicht. Dies ist nicht die Schlacht bei Charkow. Tagsüber verwandelt sich der Melancholiker in einen Spielgefährten seiner Kinder, scherzt mit ihnen, fabuliert Märchen, denkt sich etwas Wunderschönes für sie aus. Eine Fahne sollen sie haben, eine grüne Fahne der Hoffnung, wie König Hänschen sie erträumte. Sie basteln alle daran, auch die Kleinsten, ganz besessen sind sie davon und wie bezaubert. Ein Symbol entsteht unter ihren Händen, das ihren Geist beflügelt, die Gefahr seelischer Verkümmerung abwendet. Kastanienblüten auf grünem Grund, so sieht die eine Seite aus; die andere ist weiß und zeigt in der Mitte den blauen Zionsstern. Die lichten Farben der Kindheit, Frühling des Lebens, vermählen sich mit dem Hexagramm des Königs David, der als ein Knabe dem Riesen Goliath die Stirn geboten hat. So wird zum Siegespanier, was ihnen als Zeichen ihrer Demütigung zugedacht war, auf weißem Felde, einer Farbe, die man der Unschuld zuordnet. Es wurde ein Symbol von poetischer Aussagekraft in allen seinen Teilen, und nur ein Dichter konnte es erfinden.

Auch zum Schreiben ermunterte er seine Kleinen, gerade jetzt, wo alles darauf ankam, die Ungewißheit zu bestehen. Sie führten Tagebuch, verfaßten kleine Geschichten, schrieben Gedichte, einmal auch einen Brief an den benachbarten katholischen Pfarrer, dessen Garten an das Getto grenzte. Korczak las alles, was seine Kinder ihm brachten, und besprach es mit ihnen, einiges notierte er und überlieferte es damit der Nachwelt. Es sind ergreifende Dokumente der Vergewaltigung von Kindern.

In diesem Augenblick brachte mir Semi seinen Brief ans Bett, ob es so recht sei? – An den Hochwürdigen Herrn Pfarrer von der Gemeinde Allerheiligen. Wir bitten den sehr verehrten Herrn Pfarrer höflichst, uns in seiner Güte zu erlauben, ein paarmal samstags in den Morgenstunden (sechs Uhr dreißig bis zehn Uhr) in den Kirchgarten zu gehen. Wir sehnen uns nach ein bißchen Luft und Grün. Bei uns ist es eng und dumpf. Wir möchten die Natur kennen und lieben lernen. Die Anpflanzungen werden wir nicht beschädigen. Wir bitten inständig darum, unsere Bitte nicht abzuschlagen. Zygmus, Semi, Abrasza, Hanka, Aronek . . .

Jakob hat ein Gedicht über Moses geschrieben. Wenn ich es heute nicht lese, könnte er gekränkt sein . . .

Aus Tagebüchern, die mir die Kinder zu lesen geben. Szlama schreibt: Zu Hause sitzt eine Witwe und weint. Vielleicht bringt ihr der ältere Sohn etwas vom Schmuggeln mit. Sie weiß noch nicht, daß ein Gendarm ihren Sohn erschossen hat. Aber wißt ihr auch, daß bald wirklich alles gut sein wird? – Szymonek: Mein Vater war ein Kämpfer um das tägliche Stück Brot. Obwohl er den ganzen Tag arbeiten mußte, liebte er mich doch.

Zwei erschütternde Erinnerungen.

Die nächtlichen Grübeleien kreisen um das Problem des Todes, des Sterbens, nicht zum erstenmal, doch nie so nah und bedrängend wie jetzt. Die Schlacht von Charkow: Aufschwung, Kühnheit, Heldentum, ein Rausch. Dies hier ist etwas ganz anderes. Es ist einfacher, für eine Idee zu sterben, als mit ihr und für sie zu leben, jahrein jahraus, und sie dem Andrang des Kleinlichen, Kläglichen zu entreißen. Den Kampf mit der Banalität hat der Dichter Korczak sein Leben lang erfolgreich ausgefochten, weil ihm die beste Waffe zur Verfügung stand, die Gott einem Menschen dazu mitgeben kann: die Phantasie. Hilft sie auch gegen den neuen Feind, den erbärmlichsten, den er je kennenlernte, den schleichenden Hungertod? Versuchungen, die er längst abgewehrt zu haben glaubte, treten an ihn heran, der Gedanke an Selbstmord, an Euthanasie. Sich selbst auslöschen, die leidenden Kinder einschläfern, ohne daß sie es merken, was alles könnte man sich und ihnen ersparen! Er weicht dem verlockenden Plan nicht aus, stellt ihn sich vor Augen, wägt ihn ab und besiegt ihn mit der moralischen Kraft seines Gewissens. Das Resultat ist bekannt.

Als ich in schweren Stunden das Projekt der Tötung, der Einschläferung der zum Untergang verurteilten Kinder des jüdischen Gettos erwog, begriff ich dies als Mord an Kranken und Schwachen, verübt an Unwissenden.

Der Tag verscheucht die Gespenster, kurbelt den Lebenswillen an, Korczak stürzt sich in seine Aufgaben, rettet sich in Aktivität. Er macht sich Vorwürfe, weil er seine Erkenntnisse in der Ernährungswissenschaft nicht auf den letzten Stand gebracht hat, und wendet sich an die Fachleute unter den Kollegen, an die Ärzte Brokman, Hellerowa, Genth-Kon, Rosenblumowa.

»Ratet mir. Also Kalkwasser. Was noch? Hefe, Betabion, Vitamin B.«

Der Hunger höhlt das Gedächtnis aus, dies ist ihm aus der medizinischen Theorie bekannt. Aber es ist doch etwas anderes, wenn man es an sich selbst erfährt, quälend und ärgerlich, eine zusätzliche Belastung.

Es kommt vor, daß ich wegen einer wichtigen Angelegenheit jemanden aufsuche. Auf der Treppe bleibe ich stehen: Weswegen will ich eigentlich zu ihm? – Langes Nachdenken, und dann voller Erleichterung: Ach ja, ich weiß schon wieder. Krankengeld, Herzsaft, Zusatzverpflegung.

Eine epidemische Magenkrankheit stiftet Aufruhr im Waisenhaus, die Geduld der Kinder ist verbraucht. Der alte Doktor geht den Ursachen nach, untersucht den gärenden Stuhl, sinnt auf Abhilfe. Das Medizinische bringt er bald in Ordnung; das Psychologische ist schwieriger. Tobsuchtsanfälle, anhaltendes Schreien – er versteht es ja so gut, aber er darf es nicht zeigen. Nur keine Panik jetzt, das wäre das Ende. Also spielt er herunter, was in Wahrheit keine Bagatelle ist, greift beschwichtigend ein, poltert auch nach altgewohnter Weise, wo er es für angebracht hält.

Ich gehe durch den Schlafsaal. Ob es zu einer Massenhysterie kommt? Das könnte schon sein. – Das Vertrauen der Kinder zur Leitung siegte. Der Doktor blieb ja ruhig, also fühlten sie sich nicht bedroht. Dabei war ich gar nicht so ruhig. Wichtig ist: er schimpft, also ist alles in Ordnung.

Nachts ist er so erschöpft, daß ihn auch die wenigen

Stunden, die er zum Schlafen braucht, nicht erquik-
ken. Wüste Träume lassen ihn hochfahren, Träume,
die nicht weit von ihm schon Wirklichkeit zu werden
beginnen, und es scheint, als habe er es geahnt.

Welch unerträgliche Träume! In der vergangenen
Nacht: mitten unter Deutschen, ich, ohne Armbinde, zu
verbotener Stunde in Praga. Ich wache auf. Wieder ein
Traum. Im Zug schleppt man mich — Meter für Meter —
in ein Abteil, in dem schon mehrere Juden sind. Heute
nacht sind wieder Menschen gestorben. Kinder-Leichen.
Ein totes Kind in einem Zuber ... Im gefährlichsten
Augenblick wache ich schweißüberströmt auf. Ob der Tod
ein solches Erwachen in einem Augenblick ist, in dem es
scheinbar keinen Ausweg mehr gibt?

Ein neuer Tag fordert Wachsamkeit, Phantasie, Einfälle; der alte Praktiker muß sich bewähren. Der Win-
ter ist hart und lang, die großen Säle schlecht zu hei-
zen mit dem geringen Brennmaterial, das er mit Frau
Stefas Unterstützung streng rationiert hat. Während
in der Nachbarschaft die Grippe zahlreiche Menschen
dahinrafft, bleibt das Waisenhaus verschont, kein
Kind ist ihm gestorben. Nun aber, zu Beginn der wär-
meren Jahreszeit, tritt eine andere Plage auf, die
sowohl lästig als auch im höchsten Grad gefährlich
ist. In der dumpfen Schwüle, in dem von Leichenge-
stank verpesteten Getto, vermehren sich die Fliegen,
treten in ganzen Schwärmen auf, setzen sich auf
Menschen, Kot und Nahrungsmittel. Der alte Hygie-
niker weiß Bescheid, was ihnen droht, wenn er nicht
sofort energische Maßnahmen ergreift. Nur ist mit

dem Appell an die Energie bei ermüdeten, unterernährten Kindern wenig auszurichten. Sie brauchen einen Anreiz, die Einkleidung in ein Spiel. Mit einem trockenen: »Ihr müßt!« oder »Es ist notwendig!« können sie ihre Lustlosigkeit nicht überwinden. Korczak macht sich einen prekären Umstand zunutze und stellt dadurch gleichzeitig ein weiteres Übel ab, den ständigen Zank nämlich um die wenigen sanitären Einrichtungen des Hauses.

Ich habe einen Toiletten-Tarif festgelegt. 1. Für ein kleines Geschäft muß man fünf Fliegen fangen. 2. Für ein großes – zweiter Klasse (Kübelhocker mit ausgesägter Öffnung) – zehn Fliegen. 3. Erster Klasse – mit Sitz – fünfzehn Fliegen. Einer fragt: »Kann ich nicht später bezahlen (mit Fliegen), ich muß so nötig?« Ein anderer: »Mach nur, mach – ich fange sie für dich.« Eine im Isolierraum gefangene Fliege zählt für zwei. »Zählt das auch, wenn eine schon getroffene Fliege wieder fortfliegt?« Wie das halt so geht. Aber die Fliegen sind weniger geworden. Die Gutwilligkeit einer solchen Schar – das ist eine Macht.

Ja, und eine noch größere Macht ist der schöpferische Humor, den einer unter solchen Gegebenheiten aufzubringen vermag. Galgenhumor – soll man es so nennen? Oder besser: Notwehr, Deichbau gegen heranflutende tödliche Passivität, Bastion zur Bewahrung menschlicher Substanz, die sich auflösen müßte, wenn ihr auch das letzte sanfteste Lächeln verginge?

So weit ist es noch nicht. Allenfalls am nächtlichen Schreibtisch, wo ihn die Kinder nicht sehen, denen zuliebe er diesen menschlichsten aller Wesenszüge in sich befestigt. Aber auch da behilft er sich eher mit Sarkasmus, einem Abkömmling des Humors, der schon mit Bitterkeit getränkt ist.

Nach einem arbeitsreichen Tag. Im Mund den Geschmack von Sauerkraut und Knoblauch und von einer Karamelle, die ich mir zur Verbesserung des Geschmacks ins Glas getan hatte. Ich Epikuräer!

Sogar zum Scherzen habe ich Lust. Ist ja famos, sagte ein nicht ganz nüchterner Minister und nicht ganz zur rechten Zeit, denn auf dem Land grassierte da und dort der Hungertyphus, und die Kurve der Tuberkulosefälle stieg in schwindelnde Höhen. Später griffen ihn seine politischen Gegner in der unabhängigen Presse an (daß Gott erbarm!)

Ist ja famos – sage auch ich und möchte gern fröhlich sein.

Er möchte gern fröhlich sein, aber es sieht so finster in ihm aus, Schatten der Finsternis, die von draußen in ihn einfallen. Das Draußen bleibt ihm immer gegenwärtig, er berauscht sich nicht an Illusionen, nur die Kinder will er abschirmen von dem Grauen, dem er täglich auf seinen Gängen begegnet. Sein Kopf sinkt herab auf das vor ihm liegende Heft.

Es war keine Zeit? – Ich lüge. Die Augen fallen mir zu. Ich kann nicht mehr. Ich kann wirklich nicht mehr. Wenn ich aufwache, werde ich fertigschreiben. Sei gegrüßt, schöne Stille der Nacht!

N. B. In der vergangenen Nacht sind nur sieben Juden erschossen worden, sogenannte jüdische Gestapomänner.

Was soll das bedeuten? Es ist besser, nicht weiter danach zu forschen.

Mit den jüdischen Gestapoleuten Kon und Heller hat er Geschäfte gemacht, das nehmen seine Freunde ihm übel. Aber was hätte er tun sollen, da die letzten Vorräte wieder einmal aufgebraucht waren? Auch ihn widert die Gewissenlosigkeit der Kollaborateure an, die sich am Elend anderer bereichern, und er will ihnen nicht gleichen, um nichts in der Welt.

Ich möchte nichts mehr besitzen, damit jedermann sieht, daß ich nichts habe, damit das alles endlich aufhört.

Jüdisches Schicksal. Anderssein, Ausgestoßensein, Verfolgungen, Pogrome. Religiöse Intoleranz des Mittelalters, nur scheinbar überwunden durch die Aufklärung, nun zurückgekehrt als Rassismus, pseudowissenschaftlich drapiert. Im Grunde hat sich nichts geändert. Es ist der alte Aberglaube, die altbekannte Flucht in den Haß.

Der Erzieher in Janusz Korczak dankt ab, denn wozu soll er noch erziehen, auf welches Ziel hin seine gefährdeten Kinder ausrichten? An die Zukunft mag er nicht mehr denken. Er ist nurmehr Beschützer, Verteidiger, Spender der täglichen, immer spärlicher werdenden Gaben. Wie lange wird er das noch sein können?

Es gibt bisweilen Kinder, die noch nicht einmal zehn eigene Lebensjahre zählen, aber das Gewicht vieler Generationen mit sich schleppen. In ihren Gehirnwindungen staut sich die blutige Qual vieler schmerzensreicher Jahrhunderte, und aus unmerklichem Anlaß entlädt sich die

in ihrer Veranlagung verborgene Gewalt von Schmerz,
Leid, Zorn, Empörung ...

Habe ich wohl das Recht, für dieses bißchen Nahrung und
Betreuung einiger weniger Jahre euch zu befehlen, von
euch etwas zu fordern oder gar zu wollen? Vielleicht ist
für jeden von euch der eigene Weg – und wenn es auch
der allerschlimmste wäre – der einzig richtige?

Wollte mir jemand ein Meßbuch geben, ich hielte zur
Not einen Gottesdienst ab. Eine Predigt jedoch könnte ich
an Schäfchen mit Armbinden nicht richten. Die einzel-
nen Sätze würden mir im Halse steckenbleiben und ich
würde in ihren Augen die Frage ablesen: Also was ist?
Ja, und was weiter? – Beim Amen würde ich steckenblei-
ben ...

Ich möchte gern bei Bewußtsein und bei voller Besinnung
sterben. Was ich den Kindern zum Abschied sagen
würde, weiß ich nicht. Ich möchte ihnen so viel sagen und
es ihnen so sagen, daß sie ganz frei sind bei der Wahl
ihres Weges ...

Zehn Uhr. Schüsse: zwei, mehrere, zwei, einer, mehrere.
Aber ich unterbreche meine Notizen nicht.

Ich habe die Welt schon lange nicht mehr gesegnet. In die-
ser Nacht habe ich es versucht – es ist mir mißlungen.

Man schreibt das Jahr 1942. Die Abtransporte aus
dem Getto nehmen zu, Gerüchte über Todeslager
und ihre Vernichtungsmaschinerie sickern ein. Und
der alte Doktor in der Sliskastraße faltet die Hände
zum Gebet:

Dank dir, guter Gott, für die Wiese und die Farben der
Sonnenuntergänge, für den erquickenden Abendhauch

nach einem heißen Tag voller Mühe und Arbeit. Guter
Gott, der du alles so klug und gut ersonnen hast, daß die
Blumen ihren Geruch haben, die Glühwürmchen auf der
Erde leuchten, die Sterne am Himmel funkeln.

Zum Sederfest lädt er die befreundeten Ärzte und
Mitglieder des Hilfskomitees ins Waisenhaus ein,
damit sie mit ihnen allen das Abendmahl feiern. Die
zwölf ältesten Jungen versammelt er eng um sich und
spricht mit ihnen die überlieferten hebräischen Ge-
bete. Dann hebt er die Arme hoch und erfleht mit
lauten, bewegenden Worten den Segen und die Hilfe
des Himmels auf alle Anwesenden herab. Die Gäste
wollen ihren Augen nicht trauen und verlassen nach
der Feier verstört das Haus.

Der Sommer kommt, die ersten heißen Tage. Die
jüdischen Gestapoleute versichern Korczak, daß die
Deutschen nicht die Absicht hätten, das Waisenhaus
anzutasten. Wenn er jetzt für ein paar Stunden aus
dem Haus geht, um Nahrung zu beschaffen, läßt er
sich von Frau Stefa in die Hand versprechen, daß sie
sich während seiner Abwesenheit keinen Schritt von
den Kindern entfernt.

Ein Geschwür im Hals plagt ihn, er muß operiert
werden. Korczaks Sorge und sein Mißtrauen sind so
groß, daß er es ablehnt, sich in die Klinik zu begeben.
Dr. Wertheim führt die Operation zusammen mit seinem Assistenten im Waisenhaus durch. Es kommt zu
einem Blutsturz, ein Klinikaufenthalt wird unver-
meidlich. Keine zwei Tage, und er kehrt gegen den
Willen der Ärzte in die Sliska zurück.

Was hat er eigentlich gewußt, wie schätzte er die Lage ein, glaubte er an Überlebenschancen auch für die Zeit nach der Verschleppung? Man kann es heute nicht mehr feststellen. Die wenigen Überlebenden des Infernos sagen aus, daß sie Schlimmes zwar befürchtet, das Allerschlimmste aber, das dann eintrat, nicht für möglich gehalten hätten.

Der 5. August, ein Mittwochvormittag. Vor dem Waisenhaus ein rohes Gebrüll: »Alle Juden rrraus!« Zweihundert Kinder, beim Frühstück unterbrochen, gehen gesammelt und geordnet die Treppen hinunter und stellen sich in Fünferreihen im Hof unten auf. Frau Stefa und der alte Doktor folgen ihnen, reden ihnen beruhigend zu, es heißt, man habe ihnen einen Ausflug versprochen. Es sind zarte, schmächtige Kinder, aber erstaunlich gut gekleidet. Der Waisenhausvater hat die Fahne mitgenommen und gibt sie einem Jungen in die Hand, König Hänschens grüne Fahne der Hoffnung.

Die Augenzeugen berichten Seltsames, Legendäres; eine blutige Realität ist längst zum Mythos geworden. Im Mythos aber bleibt die Wahrheit lebendig, stärker, inniger und ergreifender als im bloßen Report. Dies war nicht die Stunde der Journalisten.

Das Häuflein bewegte sich zum »Umschlagplatz« in der Nähe des Danziger Bahnhofs, wo die Züge nach Treblinka abfuhren. Es bedeutete schon diese Strecke von drei Kilometern in der Augusthitze eine Mühsal für die vom Hunger geschwächten Kinder. Manchmal kam es zu Stockungen, die durch das Geschrei der

Antreiber und durch Kolbenstöße rasch beendet wurden. Der alte Doktor, nach wie vor in Offiziersuniform, nahm das jüngste Kind auf den Arm, als er sah, daß es nicht mehr laufen konnte. Es handelte sich um die fünfjährige Romcia Sztokman, deren Eltern beide einst Zöglinge Korczaks in der Krochmalna gewesen und die bei Kriegsausbruch 1939 ums Leben gekommen waren. Sein Enkelkind also trug er, und er trug es trotz seiner geschwollenen Beine bis vor die bereitstehenden Viehwaggons.

Dort bat ihn ein SS-Mann beiseite und unterbreitete ihm ein Angebot. In dieser trügerischen Welt aus Sadismus und Taktik, in der Juden entweder wahllos getötet oder in diabolischer Weise als Lockvögel benutzt wurden, gab es für Janusz Korczak noch eine letzte Möglichkeit, dem Vernichtungslager zu entkommen. Er soll nur den Kopf geschüttelt haben.

Für ihn bestand diese Wahl gar nicht; er hatte seine Entscheidung längst getroffen, vor Jahren schon, und sie ein paar Tage vor dem Abtransport ein weiteres Mal bekräftigt. Der Freund Igor Newerly berichtet darüber: »Bei meinem letzten Besuch im Getto hätte er mit mir gehen können, denn ich hatte noch einen gefälschten Passierschein bei mir. Er lehnte ab. Mehr noch, er war überrascht. Er hatte ganz einfach nicht von mir erwartet, daß ich ihm einen so nichtswürdigen Vorschlag machen werde – die Kinder angesichts des Todes im Stich zu lassen.«

In der ersten Augusthälfte des Jahres 1942 wurde der Arzt, Pädagoge und Dichter Janusz Korczak mit den

Seinen in den Gaskammern von Treblinka umgebracht.

Wir wissen nicht, was er seinen Kindern in dem Augenblick sagte, als das Fünkchen der Lebenshoffnung für alle sichtbar erlosch. Aber wir dürfen glauben, daß die Kraft und Reinheit dieses Menschen, der sein Herz bis zum Schluß von Menschenverachtung freihielt, sich auch dann noch bewährten. Vielleicht sprach er gar nicht mehr, vielleicht genügte es, daß er bei ihnen war. Eine der letzten Tagebucheintragungen des Janusz Korczak lautet:

Ich wünsche keinem Menschen etwas Böses. Ich kann das nicht. Ich weiß nicht einmal, wie man das macht.

Benutzte Literatur

JANUSZ KORCZAK
»Wie man ein Kind lieben soll«
Vandenhoeck & Ruprecht, Göttingen 1967

JANUSZ KORCZAK
»Das Recht des Kindes auf Achtung«
Vandenhoeck & Ruprecht, Göttingen 1970

JANUSZ KORCZAK
»Begegnungen und Erfahrungen«
Vandenhoeck & Ruprecht, Göttingen 1972

JANUSZ KORCZAK
»König Hänschen I.«
Vandenhoeck & Ruprecht, Göttingen 1971

JOSEF WULF
»Vom Leben, Kampf und Tod im Getto Warschau«
Bundeszentrale für Heimatdienst, Heft 32, 1958

MORTKOWICZ-OLCZAKOWA
»Janusz Korczak, Arzt und Pädagoge«
Verlag Anton Pustet, München und Salzburg o. J.

Inhalt

Von Janusz Korczak
sind im Vandenhoeck & Ruprecht Verlag, Göttingen
folgende Werke erschienen:

König Hänschen I.
4. Auflage 1973. 262 Seiten mit 10 ganzseitigen
farbigen Illustrationen von Jerzy Srokowski.
Leinen

König Hänschen auf der einsamen Insel
2. Auflage 1973. 186 Seiten mit 7 ganzseitigen
Illustrationen von Jerzy Srokowski.
Leinen

Das Recht des Kindes auf Achtung
Herausgegeben von Elisabeth Heimpel und Hans Roos
2. Auflage 1973. 379 Seiten.
Leinen und kartoniert

Wie man ein Kind lieben soll
Herausgegeben von Elisabeth Heimpel und Hans Roos
6. Auflage 1978. 400 Seiten.
Leinen und kartoniert

Wenn ich wieder klein bin
und andere Geschichten von Kindern
Aus dem Polnischen übersetzt von Ilka Boll und
Mieczyslaw Wójcicki
1973. 386 Seiten. Leinen

Begegnungen und Erfahrungen KLEINE ESSAYS
2. Auflage 1973. 66 Seiten. Kartoniert
(Kleine Vandenhoeck-Reihe, Band 372/373